LA DÉMOCRATIE

EN UN CLIC ?

Sous la direction d'**Olivier LE BOT**

Professeur à l'Université de Nice-Sophia Antipolis

et de **Jordane ARLETTAZ**

Maître de Conférences à l'Université de Nice-Sophia Antipolis

LA DÉMOCRATIE EN UN CLIC ?

Réflexions autour de la notion d'e-démocratie

Actes du colloque de Nice – 16 novembre 2009

L'Harmattan

SOMMAIRE

PROPOS INTRODUCTIFS[1]

Dominique ROUSSEAU
Professeur à l'Université de Montpellier 1,
Membre de l'Institut universitaire de France, Directeur du
CERCOP.

« Propos introductifs », dit le programme ! Donc des mots, quelques mots seulement, brefs, courts qui ont juste pour « propos », précisément, de faire entrer chacun, doucement, dans le vif du sujet sans eux-mêmes y entrer. Exercice difficile que celui de faire attendre les « vraies » communications, celles qui vont apporter à la connaissance du sujet quand il est toujours tentant de profiter de la situation offerte de parler le premier pour dire tout du sujet, pour fixer le cadre et le cap de la journée. Il faut pourtant se retenir et ne pas dévoiler les réflexions savantes que nos collègues Jordane Arlettaz et Olivier Le Bot ont préparées pour ce beau colloque sur l'e-démocratie. Juste quelques mots donc, pour remettre ce beau colloque de Nice dans une double perspective.

Une perspective historique d'abord. L'e-démocratie serait ce temps nouveau, radicalement nouveau, où chacun deviendrait producteur et diffuseur d'informations, de sons et d'images. Sans doute. Mais, quand l'imprimerie a été inventée, la production et la diffusion de la connaissance sont déjà sorties du cercle restreint des savants et les échanges de savoirs ont été multipliés. Quand n'importe quel britannique, du haut d'une caisse posée dans Hyde Park Corner, peut haranguer la foule ou quand, le 22 novembre 1963, à Dallas, Abraham Zapruder filme l'assassinat du président Kennedy et vend ses images qui vont faire le tour du monde, la production et la diffusion d'informations, de sons et d'images ne sont pas réservées à un petit groupe de professionnels mais ouverts à tout citoyen. Au demeurant, cette démocratisation est inscrite depuis longtemps dans le droit, très précisément à l'article 11 de la Déclaration de 1789 qui énonce que « la libre communication des pensées et des opinions est un des droits les plus précieux de l'Homme : *tout citoyen peut parler,*

---

[1] Le style oral a volontairement été conservé.

écrire, imprimer librement, sauf à répondre à l'abus de cette liberté dans les cas déterminés par la loi ». Et de cet article, le Conseil a d'ailleurs, très logiquement, déduit le libre accès à l'Internet. Rien de vraiment nouveau donc ! Ou plus exactement, la nouveauté est le changement d'échelle que produit la nouvelle technologie de communication électronique. Autrement dit, la nouveauté serait moins technologique que sociologique : ce qui ferait « problème », c'est l'accès de tous à Internet ! Tant qu'il était limité au monde cultivé, blanc et occidental ou occidentalisé, il ne posait pas « problème » ; mais depuis sa généralisation, sa mondialisation, sa diffusion dans tous les quartiers pauvres du monde, l'inquiétude démocratique se répand. Il serait sans doute intéressant de comparer les discours d'aujourd'hui sur les dangers pour la démocratie de la « démocratisation » de l'internet à ceux tenus au moment, par exemple, de l'introduction de l'imprimerie ou du suffrage universel, considérés également comme posant un problème pour la démocratie.

Une perspective constitutionnelle ensuite. L'e-démocratie serait une nouvelle figure de la démocratie qui remplacerait celle, vieillotte, de la représentation ; en d'autres termes, elle serait la démocratie du public ou d'opinion ou participative remplaçant la démocratie représentative. Peut-être. Mais, là encore, il convient d'être prudent. Car, si nouvelle figure de la démocratie il y a, elle se construit dans et par les principes constitutionnels classiques. Celui par exemple de l'égalité. Par l'internet se disloque un certain monopole de la production d'idées et d'informations au profit d'un petit groupe de professionnels et, plus encore, une manière de communiquer qui fait fondre les hiérarchies puisque les qualités, titres et compétences des communicants disparaissent. Disparait aussi ou ne joue plus de la même manière la sélection de la parole au profit de ceux qui savent ou peuvent accéder à la radio ou à la télévision. Toujours actifs le principe encore de la gratuité ou celui de la solidarité par la construction de communauté d'intérêts, de réseaux ou de collectifs dont il est possible d'apprécier la force en observant l'action des mouvements sociaux internationaux contre la logique individuelle du marché. En d'autres termes, l'internet prend appui sur les principes constitutionnels et oblige à leur métamorphose pour qu'ils demeurent les principes actifs d'une future éventuelle cyber démocratie. Qui doit chercher une autre forme que l'Etat pour se déployer. Car, si l'analyse de Manuel Castells est juste, ce que détruisent les réseaux c'est le contrôle étatique sur la société et l'économie : « ce qui est fini dans l'étape actuelle, écrit-il, c'est l'Etat souverain national »[2].

D'où l'inquiétude provoquée par cette mutation annoncée. Faut-il rassurer en rappelant que toute mutation provoque inquiétude et qu'il peut être intellectuellement excitant d'avoir à repenser la démocratie, ses exigences, ses institutions, ses espaces et ses rythmes ?

----

[2] Manuel CASTELLS, La société en réseau, Fayard, 1998.

« NI CET EXCÈS D'HONNEUR NI CETTE INDIGNITÉ »[1]…
RECHERCHES SUR LA CYBERDÉMOCRATIE

Christian BIDEGARAY
Professeur émérite de science politique
à l'Université de Nice-Sophia Antipolis

La démocratie de papa est morte ! Vive la cyberdémocratie ! … Après la cybernétique, puis la télé-démocratie locale[2], c'est aujourd'hui l'Internet qui est censé substituer à la démocratie représentative à bout de souffle une nouvelle forme politique qui réponde au désenchantement et au désengagement des citoyens.

Certains, en effet n'hésitent pas à affirmer qu'en combinant textes, images et son (le Web 2.0[3]), ce nouvel outil permet au plus modeste des citoyens de consulter, diffuser voire produire des informations politiques multiformes. L'internaute peut désormais participer à des conversations politiques autrefois placées sous contrôle de quelques acteurs dominants (élus, journalistes, institutions). Il accède librement à une nouvelle « agora » faite de blogs politiques, de chats, de webzines, de sites consultatifs etc. Libéré des médiateurs traditionnels de la politique il peut interpeller directement les élus. Ainsi la cyber-démocratie (ou e-democracy) permettrait de mobiliser les citoyens en leur rendant l'initiative politique et en leur permettant de contrôler les pouvoirs publics et de participer pleinement à la vie politique. Telle est du moins la thèse que soutiennent ceux qu'on pourrait appeler les cyber-optimistes.

---

[1] Junie à Néron dans *Britannicus* de Jean RACINE Acte II scène 3.

[2] Cf. Thierry VEDEL « L'idée de démocratie électronique : origines, visions, questions » in Pascal PERRINEAU (Dir.) *Le désenchantement démocratique*, La Tour d'Aigues, Éditions de l'Aube, 2003.

[3] Terme qui recouvre l'ensemble des techniques fondées sur l'interactivité et la mise en réseau des internautes facilité par le haut débit.

D'autres au contraire, retrouvent le scepticisme de Jacques Ellul[4] et dénoncent cette illusion technologique. Ils font remarquer que l'Internet ne change pas en profondeur les structures des systèmes politiques et ne sert qu'à prêcher les convertis. Il ne modifie pas les résultats des élections et ne fait, au contraire, que renforcer les pouvoirs établis.

La vérité ne se trouve-t-elle pas entre ces deux thèses ? C'est ce que nous allons tenter de montrer en examinant les trois fonctions que l'Internet est censé remplir : permettre l'information et le débat ; assurer la mobilisation et le contrôle citoyen ; inciter à la participation active à la vie politique.

Internet comme moyen d'information de délibération et d'expression

Au lieu de se limiter aux seuls spécialistes ou à des citoyens sélectionnés, comme dans les médias traditionnels, l'Internet assure une égalité parfaite entre intervenants et offre un espace ouvert à un débat politique élargi. Il y parvient essentiellement par les forums de discussion et les blogs.

Les Forums de discussion

Selon les apologues de la cyber-démocratie, les internautes surfent librement sur le Net pour se construire leur propre information. Ils se portent ensuite sur les forums de discussion où ils s'expriment sans entraves car les rôles institutionnels de chacun disparaissent derrière l'anonymat.

Force est d'abord de constater que cette liberté de l'internaute est subrepticement encadrée. D'abord, pour pouvoir effecteur une recherche sur l'Internet il faut disposer de compétences techniques et intellectuelles que ne possèdent pas tous les internautes. Ensuite,

---

[4] Voir en ce sens, dans une œuvre féconde : *La technique ou l'enjeu du siècle*, Armand Colin, 1954 ouvrage repris et continué par *Le Système technicien*, Calmann-Lévy, 1977. Voir également *L'illusion politique*, Éditions Robert Laffont, 1965 et *Exégèse des nouveaux lieux communs*. Calmann-Lévy, 1966.

pour localiser un site susceptible de fournir les informations recherchées l'internaute doit utiliser un moteur de recherche ou se reporter à un media traditionnel (article de journal par exemple) ou encore cliquer sur les liens proposés par un portail ou site web. Or les moteurs de recherche comme les médias traditionnels ne donnent pas accès à l'ensemble des informations disponibles sur l'Internet car ils les sélectionnent et les hiérarchisent. De même les liens proposés par les sites indépendants renvoient souvent à des à des sites de sensibilité proche.

Quant à la participation active de l'internaute citoyen aux débats qui s'instaurent sur les sites qu'il visite, elle doit être appréciée à sa juste mesure. Il faut bien voir en effet que les forums de discussion politique ne sont qu'une petite partie des forums de discussion qui eux-mêmes n'occupent qu'une faible part du trafic sur l'Internet. De plus, contrairement à la thèse d'une libre confrontation d'idées et d'opinions les plus diverses, voire opposées, de nombreuses enquêtes montrent que les forums de discussion se caractérisent par une forte homogénéité idéologique. Comme le suggérait Cass Sustein dans *Republic.com*[5], Les internautes tendent à s'orienter vers les forums qui confortent leurs opinions et où s'échangent des jugements similaires aux leurs.

De surcroît, cette participation est le plus souvent passive. Les internautes se contentent le plus souvent de lire les messages sans vraiment s'impliquer. Seule une minorité de participants est à l'origine des messages. Il est d'ailleurs rare que ces discussions débouchent sur une décision collective et consensuelle. Ces forums sont en effet souvent perturbés par des participants très agressifs qui conduisent les sites à édicter un certain nombre de règles protectrices (inscription préalable, présence de modérateurs, filtrage des messages etc.). Pour Thierry Vedel « les forums de discussion politique sont avant tout des lieux où se développent des monologues interactifs plus que des lieux où sont mises en œuvre de véritables discussions délibératives par la

---

[5] Cass SUSTEIN *Republic.com* Princeton, Princeton University Press 2001, réédition 2007.

confrontation systématique aux points de vue adverses et à l'argumentation »[6].

Au total, les effets politiques de ces forums semblent donc contrastés. Pour certains ils exacerbent l'individualisme et le repli sur soi. Pour d'autres ils remplissent une fonction tribunitienne indispensable à la cohésion sociale. D'autres enfin espèrent qu'ils peuvent contribuer à une prise de conscience du bien commun, même s'ils résultent de calculs égoïstes, par l'échange d'expériences.

C'est pour échapper à ces inconvénients que de nombreux internautes préfèrent utiliser la technique des blogs.

Les Blogs

Faciles à créer, interactifs, pouvant combiner son et image, les blogs ou carnets de bord interactifs, sont des outils de communication qui peuvent avoir une portée politique non négligeable[7].

L'usage des blogs à des fins politiques s'est fortement développé ces dernières années, notamment de la part des hommes politiques, mais pas uniquement. Selon Versac[8] la « blogosphère » fait dialoguer activement entre eux des *blogs de commentaire et d'analyse*[9] (comme celui

---

[6] Thierry VEDEL, «La révolution ne sera plus télévisée : Internet information et démocratie », *Pouvoirs* n ° 119, Le Seuil, novembre 20006, p.48. Dans le même sens voir Azi LEVON et Bernard MANIN, « Puissances du virtuel, Internet la main invisible de la délibération » *Esprit,* mai 2006.

[7] Cf les nombreux travaux de Fabienne GREFFET, comme « Politics as usual, Les blogs politiques français en 2005 » http://www.pacte.cnrs.fr/spip.php?article46 ou « Les Blogs politiques : enjeux et difficultés de recherche à partir de l'exemple français », séminaire DEL du 14 décembre 2006, http://cat.inist.fr/?aModele=afficheN&cpsidt=18799294.

[8] VERSAC alias Nicolas VANBREMEERSCH, http://www.versac.Internet/2005/12/sociologie_des_.html%20.

[9] Les blogs de commentaires, comme celui de VERSAC lui-même, existent depuis un certain temps. Le débat politique entre citoyens s'y est installé surtout depuis 2004 à l'occasion des régionales des européennes, des

de Versac lui-même), des *blogs d'expertise*[10] (comme celui de Maître Eolas ou celui du Professeur Rollin) et des *blogs d'hommes politiques* (comme ceux de Dominique Strauss Kahn ou d'Alain Juppé). Ces trois types de blogs peuvent parfois se recouper, mais leur dialogue contribue à construire un espace d'informations et de débats sur les affaires publiques. Encore faut-il noter que la blogosphère française est petite, mais fortement politisée car « tous les blogs, ou presque, parlent de politique à un moment ou à un autre »[11].

Au sein de cet espace politique, les blogs de personnalités politiques se sont multipliés depuis 2005, mais une hiérarchie se serait établie entre eux. Versac les répartit en quatre catégories[12] : « une noblesse, (ceux qui ont plus de cent cinquante liens entrants, Dominique Strauss Kahn, Alain Juppé par exemple), une bourgeoisie (plus de trente liens entrants), des petits notables de province (blogs majoritairement locaux disposant dix à trente liens comme ceux de Jack Lang et d'André Santini en 2006), le commun des mortels (presque aucun lien) ». Les blogs des leaders, reflètent leurs opinions et traduisent assez bien la place prééminente qu'occupe la classe politique dans la formation de l'opinion publique en France. Quant aux autres blogs, ils abordent majoritairement des sujets locaux car leurs auteurs sont souvent des élus locaux ou des représentants locaux des partis politiques. Les blogs des partis extrêmes sont rares. Ceux des partis de gouvernement dominent et s'équilibrent. Des challengers essaient de leur faire concurrence mais avec peu d'écho.

Si les blogs politiques se sont multipliés c'est qu'ils permettent de

---

élections US et de l'Irak.

[10] Les blogs d'expertise visent à donner la parole à des personnes compétentes pour éclairer des sujets de société touchant au droit, aux sciences sociales, à la géopolitique, aux problèmes de santé etc.

[11] VERSAC, loc.cit.

[12] Fabienne GREFFET distingue, quant à elle, 4 types d'acteurs des blogs 1) : Les personnes les plus intégrées aux institutions politiques par l'exercice de fonctions électives, partisanes ou gouvernementales au niveau national 2/ les élus locaux 3) les personnes faisant profession de conseiller les acteurs de la vie politique ou de commenter celle-ci, 4) enfin les citoyens ordinaires (in « Les Blogs politiques : enjeux et difficultés de recherche à partir de l'exemple français », loc.cit.).

remplir de très nombreuses fonctions : faire entendre sa différence, s'adresser à une communauté, et dialoguer et débattre avec d'autres blogueurs, etc. C'est tout particulièrement vrai pour les blogs des hommes politiques car ils leur permettent de rendre compte de leur mandat, de fournir des informations locales, de vulgariser et d'échanger leurs idées, de susciter des actions militantes et des mobilisations, de dialoguer avec la jeunesse, etc.

Il faut cependant relativiser l'effet politique des blogs. De nombreuses études empiriques montrent que cet outil est complémentaire voire accessoire par rapport à d'autres formes de communication notamment la télévision, la presse écrite et la radio, surtout en période de campagne électorale. En effet, les sites de la presse écrite sont très largement en tête des sites préférés des internautes à la recherche d'informations politiques. Or ces sites relaient souvent les contenus des blogs politiques ou mettent en exergue les blogs tenus par les rédactions elles-mêmes.

En fait on retrouve ici l'adaptation dématérialisée du *two step flow of communication*[13]. Les informations envoyées par les mass médias sont à leur tour médiatisées par le filtre de leurs relations sociales. L'Internet n'abolit en rien la fracture civique car le public qui l'utilise diffère de la population globale. Il est plus jeune et possède un niveau plus élevé de diplôme. Selon une enquête d'Opinionway la quasi totalité des internautes connaît l'existence des blogs mais seulement une minorité (moins de 15 %) a déjà visité le blog d'un homme politique. De même, si l'on se reporte à un sondage IFOP sur la campagne présidentielle de 2007, 90 % des internautes ne visitaient jamais de blogs politiques. Ils préféraient le visionnage de vidéos politiques à la consultation des blogs (12 % contre 10%) et ils se recrutaient majoritairement dans la tranche d'âge de 50 à 64 ans.

---

[13] Selon Elihu KATZ et Paul LAZARSFELD, quand ils votent pour un candidat, la plupart des électeurs subissent l'influence de leur entourage et tout particulièrement des « leaders d'opinion », personnalités qui sont à l'écoute des médias et que se déterminent en fonction de leurs messages. L'influence des médias s'exerce donc en deux temps : d'abord sur les leaders d'opinion, ensuite sur les personnes qui se déterminent en fonction des ces leaders d'opinion.

Cette leçon est corroborée par les études sociologiques[14] des blogueurs intéressés par la politique ou « poliblogueurs »[15]. Selon une enquête d'Yves-Marie Cann les poliblogueurs se distinguent des autres internautes. Ils sont en grande proportion des hommes (86 % contre 53 % des internautes) en majorité âgés de 25 à 49 ans et Franciliens (39 % contre 26 %). Droite et gauche y sont représentées dans les mêmes proportions mais en Île de France les poliblogueurs de gauche sont plus nombreux que ceux de droite. Ces internautes sont actifs : 60% d'entre eux ont visité un blog politique au cours des deux semaines précédant l'enquête une ou plusieurs fois, et près de la moitié d'entre eux y ont posté un commentaire une ou plusieurs fois. Là aussi, les plus dynamiques sont des hommes, appartenant à la tranche des 25-49 ans.

Pourtant ces poliblogueurs dynamiques ne se font guère d'illusions sur l'efficacité des blogs. Certes, ils pensent que les blogs renforcent les liens entre les électeurs et les élus et permettent d'échanger facilement des idées ou d'ouvrir le débat aux idées nouvelles. Mais seule une minorité estime que les élus seront davantage à l'écoute des électeurs du fait de ce nouvel outil. Au reste près de trois quarts de ces poliblogueurs estiment que les blogs politiques de qualité sont rares et près des deux tiers jugent qu'en raison du nombre toujours plus important de blogs, il sera de plus en plus difficile de se repérer dans la blogosphère.

Force est donc de constater que les poliblogueurs sont un public très particulier dont l'incidence sur la vie démocratique reste à démontrer. Les cyber-optimistes rétorquent en mettant en avant l'impact de l'Internet sur la mobilisation des citoyens et leur contrôle des pouvoirs.

---

[14] Cf. Sofres « Internet et la Politique »Les débats du Monde 9 octobre 2006, IFOP « La Net campagne présidentielle en 2006 » ainsi que « Internet et la politique, quelles perspectives d'ici à 2007 ? », septembre 2006, CSA « Les Français, le Web et la politique », Octobre 2006.

[15] Dénomination commode pour désigner les blogueurs qui s'intéressent à la politique.

Internet comme moyen de mobilisation des citoyens et de contrôle du pouvoir.

Au lieu d'être contraints de se déplacer pour se rendre au siège de la section locale du parti ou à des réunions publiques, de chez eux et dans l'anonymat le plus total, les internautes peuvent aujourd'hui d'un simple clic rejoindre d'autres internautes et se mobiliser pour promouvoir une cause ou s'opposer à une décision et donc contrôler à distance la décision publique.

Les mobilisations

Sollicitées par les pouvoirs publics ces mobilisations permettraient aux citoyens d'être mieux associés à la décision publique et permettraient ainsi de développer une démocratie participative.

Mais l'Internet permet aussi aux individus ou aux groupes de se mobiliser spontanément

Plusieurs pays ont recours à des mécanismes qui sollicitent la participation des citoyens par l'Internet. Le plus connu est le programme « Today I décide » [16] mis en place par le gouvernement estonien en 2001. Dans le cadre de ce forum électronique tout citoyen peut soumettre une « proposition de loi », qui sera discutée pendant dix jours par les internautes puis soumise à leur vote. Si une majorité absolue de votes positifs se porte sur le texte, il est transmis au ministère compétent qui dispose alors d'un mois pour exposer sa position dans un document argumenté. Entre 2001 et la fin d'année 2006, 6 837 internautes avaient été enregistrés et avaient ainsi pu participer à cet exercice : sur 1 025 propositions 654 ont recueilli une majorité suffisante pour être transmises et 580 ont obtenu une réponse. Au final 9 idées issues de ce processus ont été partiellement mises en œuvre par le gouvernement.

---

[16] Voir Arnaud MERCIER, « Ce que les nouvelles technologies changent dans notre rapport à la citoyenneté » Humanisme n° 284 p 69 et s. http://www.conform-edit.com/humanisme284-p-382.html?osCsid=d7efd10c3261ff5132738ac374ac1c37 ; et Jérôme TOURNADRE-PLANCQ, Centre d'Analyse Stratégique, La note de veille n° 117, Novembre 2008.

Autre exemple, la Nouvelle-Zélande a instauré une participation directe et immédiate du « citoyen électronique ». En septembre 2007, à l'issue d'une révision législative du *Police Act* adopté en 1958, le gouvernement a mis en ligne le texte résultant de la réforme pendant un mois sous forme d'un wiki [17]. Ceci a permis aux internautes nationaux et étrangers de le réécrire pour tout ou partie. La version finale du projet de loi a été alors transmise à une commission parlementaire, avant son adoption définitive.

En Écosse, quelques mois après sa création, le Parlement a créé un forum auquel peuvent être adressées des pétitions électroniques (e-petitions) qui sont ensuite examinées par une commission parlementaire qui en apprécie la pertinence et les suites envisageables. Les initiateurs de la e-petition peuvent ainsi être appelés à la défendre devant la commission parlementaire et dans un second temps, être auditionnés par la commission en charge des questions soulevées par leur texte. Le Bundestag allemand et l'Assemblée du Pays de Galles ont imité cet exemple respectivement à partir de septembre 2005 et avril 2008. On cite également le cas de la municipalité italienne de Cesena en Émilie-Romagne où les autorités municipales mettent en ligne leur plan annuel d'objectifs et donnent volontairement à leurs concitoyens la possibilité de contrôler l'activité de leurs élus.

Toutes ces procédures permettent ainsi d'associer les citoyens aux décisions publiques. La démocratie électronique serait donc un nouveau canal « d'expression civique qui modifierait le rapport de forces entre gouvernants et gouvernés »[18]. Voire ! On peut se demander en effet dans quelle mesure les autorités prennent en compte les avis des internautes dans la décision finale comme le montre le faible nombre de décisions publiques qui ont pris en compte les suggestions des internautes dans les exemples cités plus

---

[17] Texte dont le contenu peut être aisément et rapidement modifié par les internautes.
[18] Thierry Vedel « L'idée de démocratie électronique : origines, visions, questions » in Pascal PERRINEAU (Dir.) *Le désenchantement démocratique*, La Tour d'Aigues, Éditions de l'Aube, 2003, p. 235.

haut. Il en va de même des consultations locales[19]. Loin de permettre la confrontation des idées, ces consultations ne font le plus souvent que juxtaposer des prises de position dans des consultations où les pouvoirs locaux gardent la maîtrise de l'organisation des paroles locales[20]. Certes les autorités locales sont placées sur le même pied que les autres internautes et perdent la possibilité de sélectionner les participants ou de maîtriser le tour de parole, mais le forum municipal reste cependant inégalitaire. Tous les citoyens n'ont pas, en effet un égal accès à ces consultations qui supposent une maîtrise de l'outil informatique et la connaissance des problèmes municipaux. Or, dans ces forums, les autorités municipales ont tendance à écarter de la discussion les internautes qui ont une connaissance insuffisante du dossier, ou ne savent pas maîtriser les codes de l'expression publique. En outre les responsables municipaux sont seuls à choisir les sujets de la discussion ainsi que son agenda, quand ils n'ont pas déjà commencé à y apporter des solutions. Enfin et plus gravement encore, il est rare que la délibération des citoyens ait une incidence sur la décision effective des autorités. Les contributions des internautes filtrées par les gestionnaires de sites et les informaticiens municipaux n'accèdent que difficilement à l'espace politique. Et quand elles y parviennent, elles renforcent davantage le consensus institutionnel sur les problèmes en cause qu'elles ne modifient l'agencement de l'agenda local, ce qui diminue d'autant le pouvoir de contrôle des citoyens. D'où le sentiment du maintien des formes classiques de domination institutionnelle, puisque la discussion n'est ouverte au public que pour mieux en maîtriser les manifestations. Aussi serions-nous tentés de dire que l'association des internautes à la consultation électronique est une manière de leur faire légitimer la décision finale. Loin d'accroître la démocratie participative, l'Internet

---

[19] Cf. Isabelle PAILLART « Démocratie locale et nouvelles techniques d'information et de communication, *Pouvoirs,* n° 73 1995, p. 69 et s.

[20] Dans son article « Vers de nouvelles situations délibératives via Internet : espaces publics partiels ou micro-espaces publics ? » Pascal RICAUD situe les débats institutionnels élargis à la toile : « entre consultation légitimante et simulacre de participation ». Voir aussi Stéphanie WOJCIK, Les forums électroniques municipaux, de nouvelles modalités délibératives ? » Colloque du réseau DEL, *Démocratie et dispositifs électroniques : regards sur la décision, la délibération et le militantisme,* Paris 7 décembre 2005.

permet ainsi aux pouvoirs locaux de se doter d'une nouvelle forme de régulation des rapports sociaux.

Il n'en va pas ainsi des mobilisations spontanées, comme l'a montré, très récemment, l'intense agitation de la « Toile » à propos de la candidature de Jean Sarkozy au conseil d'administration de l'EPAD. À ce titre, le courrier électronique apparaît comme un outil très efficace de mobilisation. Il permet à l'internaute d'entrer en contact avec le public, de s'adresser aux membres d'un groupe, d'alerter les pouvoirs publics ou les entreprises, de créer des listes de courriels pour constituer des coalitions, de propager des informations, etc.

Cette fonction mobilisatrice du Net a été particulièrement illustrée en 2005 par la net-campagne pour le « non » à la ratification référendaire du Traité portant constitution de l'Europe. Dans leur étude Franck Ghitalla et Guilhem Fouetillou[21] ont montré comment les discussions en ligne avaient littéralement explosé sur les sites et les forums de discussion. Des milliers d'internautes ont visité quotidiennement le site d'Étienne Chouard, modeste professeur d'un lycée de Marseille, pour découvrir son texte « Une mauvaise constitution qui révèle un secret cancer de notre démocratie ». Ainsi, alors que les médias traditionnels ne lui auraient pas accordé la parole, grâce à l'Internet un simple citoyen a pu animer une campagne d'opposition au traité constitutionnel au même titre que les chefs de partis et les élus nationaux. L'intense mobilisation des membres de la société civile, des sites militants et de simples citoyens a ainsi permis pendant la campagne de 2005 d'instaurer un contrôle des citoyens sur la décision nationale (soumise, il est vrai à référendum)[22].

Ce sont ces possibilités de mobilisation qu'un mouvement comme ATTAC[23] a utilisé à plein[24]. Dans la mouvance

---

[21] *Netpolitique.Internet*, juillet 2005.

[22] Cf. Interview de Franck GHITALLa et Guilhem FOUETILLOU à *Netpolitiqu*e. *Internet*, juillet 2005.

[23] ATTAC : Association pour la Taxation des Transactions pour l'Aide aux Citoyens.

altermondialiste du *Monde Diplomatique* Attac a été créée le 3 juin 1998 sous forme d'association de la loi de 1901 pour « produire et communiquer de l'information ainsi que promouvoir et mener des actions de tous ordres en vue de la reconquête, par les citoyens, du pouvoir que la sphère financière exerce sur tous les aspects de la vie politique, économique, sociale et culturelle dans l'ensemble du monde »[25]. Son objectif le plus connu est la taxation des transactions entre monnaies sur le principe de la taxe Tobin. Site d'information, Attac a d'abord utilisé l'Internet pour diffuser et mettre à disposition des internautes de très nombreux documents traduits dans une dizaine de langues par des centaines de bénévoles ce qui lui a permis de toucher des milliers d'adhérents ou sympathisants[26]. Mais alors, de site d'information, Attac s'est peu à peu transformée en initiatrice de mobilisations et de lobbying à l'encontre des décideurs politiques (nationaux européens ou internationaux)[27]. Encore faut-il noter que les très nombreux débats qui se sont organisés sur la toile ont été souvent le fait d'une petite minorité qui s'est peu à peu dégagée de la masse, obtenant ainsi un pouvoir d'interpellation particulier, notamment dans le cadre des forums sociaux, ce qui contredit quelque peu l'idéal d'égalité démocratique proclamé par l'association. Quoi qu'il en soit, selon Fabien Granjon[28] l'Internet a ici permis l'émergence d'un néo-militantisme altermondialiste en créant, « un essai de démocratie réticulaire en phase avec le militantisme ».

---

[24] Cf. Eric GEORGE, « De l'utilisation d'Internet comme outil de mobilisation : le cas d'Attac et de SalAMI » in *Sociologie et sociétés*, vol XXXII. 2. p. 172-188.

[25] Art 1er des statuts.

[26] Fin 2007, Attac était présent dans une cinquantaine de pays. Attac France comptait près de 15 000 membres dont 413 personnes morales et 215 comités locaux, avec en outre une coordination d'élus Attac à l'Assemblée nationale, au Sénat et au Parlement européen.

[27] Pour un bilan Collectif, Attac France : Les dix premières années d'Attac, article publié le 10/12/2008 http://www.france.attac.org/spip.php?article9333. Voir également « L'histoire d'Attac en quelques dates » (13/2/2008) http://www.france.attac.org/spip.php?article8446.

[28] Fabien GRANJON « Mouvement anti-mondialisation et dispositifs de communication sur réseaux ». Colloque 2001, Bogues 2001 et *Globalisme et pluralisme*, Presses de l'Université de Laval, 2003, tome 4, pp.137-154.

Alors, l'Internet permet-il d'instaurer un nouveau contrôle citoyen, comme l'affirment ses zélateurs ?

Le contrôle citoyen

Dans sa « *Contre-démocratie* »[29] Pierre Rosanvallon estime qu'Internet est tout à fait adapté aux fonctions « de vigilance, de dénonciation et de notation ». Jusqu'à quel point ?

On rappellera ici la célébrité médiatique du site d'Étienne Chouard, lors du référendum sur le traité constitutionnel européen en 2005 pour constater la force de l'Internet comme instrument de contrôle citoyen.

Mais plus encore que les blogs, les réseaux sociaux peuvent se transformer en outil redoutable comme le montre la mésaventure de George Allen, candidat républicain au Sénat étasunien. Alors que sa victoire semblait assurée, il a été battu en Virginie après qu'ait été diffusée à grande échelle sur *You Tube* une vidéo qui le montrait traiter de « macaque » un jeune Américain d'origine indienne qui le filmait, tandis que ses partisans, tout aussi racistes que lui, éclataient de rire. Et que dire du pas de clerc de Brice Hortefeux, en septembre dernier lors de l'université d'été de l'UMP quand, voulant plaisanter avec un militant UMP d'origine arabe et habitant l'Auvergne il a déclaré « quand il y en un ça va, mais c'est quand il y en a beaucoup que ça pose des problèmes ! ». Immédiatement diffusés sur la toile par Daily Motion ces propos ont déclenché de vives polémiques que n'ont pas apaisées les tentatives laborieuses de l'intéressé pour faire accroire qu'il parlait des Auvergnats [30] ! Comme le titre *Le Monde* du 24 octobre, il y a « des failles de Brice Hortefeux, ministre de l'intérieur au bilan contrasté ».

De même le microblogging qu'autorise Twitter peut également devenir un moyen efficace de contre-pouvoir. Qu'il suffise ici de

---

[29] Pierre ROSANVALLON *La contre-démocratie* Le seuil, 2006, p 71 à 75.

[30] Selon *le Monde* du 24 octobre 2009, dans les Yvelines ou dans l'Essonne, quand les policiers signalent des suspects d'origine maghrébine ou africaine, ils ne les désignent plus qu'en ces termes « deux individus de type auvergnat à bord d'un véhicule immatriculé, etc ».

rappeler l'impact de la diffusion de vidéos montrant la féroce répression des manifestants lors de la campagne de protestation contre l'élection du président iranien Mahmoud Ahmadinejad. On a vu alors comment des témoignages en temps réel, diffusés dans le monde entier, échappaient à la censure officielle. En permettant à un message d'être immédiatement lu et dupliqué à des millions d'exemplaires, Twitter a un extraordinaire pouvoir multiplicateur. Comme l'écrit Fanck Louvier il a une « viralité » et produit un effet de « buzz »[31] considérable car il est une plateforme neutre et cette neutralité fait sa force car il s'efface derrière des témoignages individuels et authentiques de citoyens ordinaires auxquels tout internaute peut adhérer car il s'y reconnaît[32].

Il ne faut cependant pas surestimer les effets de contre-pouvoir produits par Twitter et les autres réseaux sociaux, car ils peuvent être contrecarrés par les régimes autoritaires ou totalitaires. On rappellera ici les dispositions prises par les autorités chinoises pour contrôler l'accès à Google ou maîtriser l'information lors des jeux olympiques de Pékin. Mais surtout, faute de pouvoir maîtriser et contrôler l'Internet, les dictatures contemporaines peuvent en anéantir les effets en diffusant de faux messages individuels et de faux témoignages écrits ou photographiques qui ne peuvent alors que susciter le doute sur l'ensemble des reportages diffusés sur la toile. Dans la même optique, il n'est pas certain que le « non » au référendum sur le Traité constitutionnel européen ait été le fait des net-campagnes. D'abord parce qu'il n'y a pas eu de véritables débats entre partisans et adversaires du traité. Chaque camp est resté fermé sur lui même, en dépit de quelques passerelles lancées entre partisans du « oui » et du « non ». Ensuite parce que le refus du référendum était l'aboutissement de multiples positions confuses et contradictoires et pas seulement des campagnes sur la toile. Enfin parce que selon une

---

[31] La viralité est la capacité à toucher en un temps record des milliers de personnes. Le Buzz (en anglais bourdonnement) désigne la technique marketing consistant à faire beaucoup de bruit autour d'un produit ou d'une offre.
[32] Cf. l'article de Franck LOUVIER, conseiller du Président de la République pour la communication et la presse dans *Le Monde* du 15 août 2009.

enquête IFOP, 55 % des internautes auraient voté « oui »[33]. En définitive comme l'écrivent Thierry Vedel et Yves-Marie Cann : « l'Internet a sans doute contribué à la cristallisation et à la consolidation d'une attitude de rejet du Traité constitutionnel dans certains segments particuliers de l'électorat et à une plus grande visibilité des arguments en faveur du « non » dans le débat. Mais sa plus forte influence a été non pas tant sur les résultats mêmes du référendum que sur les croyances dans les pouvoirs de l'Internet. »[34] Du fait de son influence dans plusieurs occasions, le « web » reste crédité d'un préjugé positif, notamment en ce qu'il permettrait une participation politique plus efficace que la participation conventionnelle.

Internet comme moyen de participation politique.

Si dans les années quatre-vingt-dix, l'usage du Net dans la vie politique a fait une apparition timide, il a pris par la suite de plus en plus d'importance comme l'ont montré les luttes pour la désignation des candidats aux élections présidentielles d'abord aux Etats-Unis et plus récemment en France.

L'exemple des net-campagnes américaines

Passant en revue ces campagnes électorales depuis 1996, Viviane Serfaty a montré la place de plus en plus considérable qu'a pris l'Internet dans la participation des citoyens. Utilisé d'abord pour fournir des textes et les discours des candidats, Internet a changé de dimension avec la technologie du Web 2.0 et le recours aux réseaux sociaux[35] à partir de 2002. Howard Dean a été le premier à utiliser ces deux technologies pour l'investiture du parti démocrate. Il a eu l'idée d'encourager l'organisation d'actions militantes et la levée de fonds sur le réseau « Meet Up » en mettant sur son site officiel des liens vers les blogs de militants individuels.

---

[33] Enquête IFOP, novembre 2006.
[34] Thierry VEDEL et Yves-Marie CANN « Internet une communication électorale de rupture ? » in Pascal PERRINEAU (Dir.) *Le vote de rupture*. Presses de Sciences Po, 2008, pp. 51-75.
[35] You Tube, Meet Up, Face Book, Myspace, etc.

Quoiqu'ayant échoué à assurer l'investiture du candidat, cette technique a fait école. Le recours aux réseaux sociaux a permis de conférer une dimension personnelle et intime tant aux militants qu'aux candidats. Sur ces réseaux, en effet, candidats et citoyens sont placés sur un pied d'égalité. Contrairement aux campagnes traditionnelles qui souffraient de la coupure entre candidats et électeurs les réseaux sociaux rétablissent ce lien et impliquent les citoyens en politique. Les candidats ne sont pas traités différemment du citoyen ordinaire ou de l'adolescent en mal de notoriété. Ils affichent leurs goûts, leur signe astral, leur parcours universitaire, leur famille etc. La juxtaposition de vidéos ou de photos amateurs aux côtés des portraits officiels du candidat en garantit l'authenticité tout en leur conférant une dose d'individualisme.

On pourrait donc se réjouir de voir instaurer une plus grande proximité entre les candidats et le peuple électeur. Mais précisément cet usage du réseau social est en fait un moyen de conquête de l'électorat. La coexistence des discours du candidat, de son image et de celle de ses partisans dans un même espace textuel répond à une nouvelle stratégie électorale. Le soutien au candidat ne résulte plus d'un quelconque principe d'autorité mais de la démonstration de sa proximité avec sa base, qui témoigne ainsi de son authenticité. Les courriels des militants et des sympathisants figurant sur le site permettent d'associer aux thèmes de campagne une forte composante individuelle et affective. Ainsi l'émotion politique l'emporte sur le débat en amenant l'électeur à s'identifier à son candidat, pratique très efficace de recrutement électoral.

C'est cette dimension qui a été particulièrement utilisée dans la campagne de Barack Obama qui a eu l'idée d'identifier sa personnalité charismatique avec une croisade en faveur du changement. Il a su ainsi quitter la sphère stricte de la politique rationnelle pour susciter la mobilisation d'une « communauté Obama », fondée sur l'émotion. Son site permettait d'assurer une proximité entre le candidat et les électeurs grâce aux nombreux documents présentant le candidat, son programme et ses propositions sur de nombreux sujets (économie, éducation, énergie, environnement etc.). S'y ajoutaient évidemment des photos, des interviews et de vidéos tant du candidat que des sympathisants et des militants. Les visiteurs du site pouvaient en outre dialoguer entre eux pour créer des groupes d'activité, faire campagne pour le candidat et recueillir des fonds. La force de Barack Obama a été d'avoir pu transformer les internautes « on line » en propagandistes « off line », capables de mobiliser leur entourage pour aller voter en sa faveur. C'est ainsi qu'un million deux cent mille militants ont ratissé le terrain et sont entrés en contact direct avec soixante-huit millions d'Américains (soit plus de la moitié des électeurs cibles). Les membres actifs ont organisé trente-cinq mille groupes en ligne et deux cent mille événements de terrain. Plus de trois millions de personnes ont fait des dons en ligne et le site a reçu plus de cinq cents millions de dollars.

En apparence donc, la campagne n'était pas le fait de politiciens professionnels mais de militants agissant dans leur voisinage selon la technique de la discussion « peer to peer ». En fait ces militants « spontanés » ont été recrutés grâce au réseau social interne MyBo (My Barack Obama) qui a permis de créer de nombreux sous groupes d'internautes (géographiques, locaux, thématiques etc.), auxquels l'état major de campagne adressait une multitude de documents pour effectuer du démarchage politique[36]auprès de milliers de concitoyens dont l'adresse et les caractéristiques étaient fournies par une impressionnante banque de données (Catalist). Le réseau social MyBo, a donc permis de faire intervenir le public dans une communication multidirectionnelle et de susciter une plus forte participation du public. Mais force est de constater que loin d'être spontanée, cette mobilisation des militants a été très fortement encadrée par le staff de campagne du candidat. Organisés de manière pyramidale et hiérarchisée ces professionnels ont eu pour tâche de gérer les militants formés dans des « Obama camps » et de constituer des équipes de voisinage en utilisant les bonnes volontés en fonction des compétences et des disponibilités de chacun. Ainsi, loin d'être une alternative à la démocratie représentative, l'usage des NTIC s'est avéré ici comme un moyen efficace de rationaliser et rentabiliser la traditionnelle pêche à l'électeur.

---

[36] Kits de formation, packs de documents de campagne, programmes de porte à porte avec des listes de démarchage de terrain, listes téléphoniques pour faire du phoning, etc.

En 2007, les principaux candidats ont également tenté d'optimiser leur visibilité dans le cyber-espace et de crédibiliser leur discours en le faisant porter par de simples citoyens, d'où la construction de sites annexes comme la *Ségosphère* ou *Les supporters de Nicolas Sarkozy*. Tablant sur l'activisme en ligne, les sites ont proposé aux adhérents de développer les arguments du candidat dans des forums de discussion, de relayer ses messages par mail, sans compter les références aux nombreux blogs créés par les sympathisants. Il s'agissait donc de mobiliser certains segments stratégiques de l'électorat susceptibles d'exercer une influence sur d'autres électeurs et de jouer un rôle de charnière entre l'électeur et le vote.

C'est ainsi qu'à la différence du site de Nicolas Sarkozy qui privilégiait davantage les formats visuels et la fourniture d'informations plutôt que les débats, le site de Ségolène Royal *Désirs d'Avenir* s'est proposé d'illustrer et d'outiller la démarche participative prônée par la candidate. En se centrant moins sur sa personne (quoique présentant de nombreuses photos de la candidate) *Désirs d'Avenir* offrait un patchwork de textes, et de vidéos. La page d'accueil mettait sur le même plan l'information et la participation et signalait les contributions des internautes. Mais surtout elle faisait apparaître les quelques mille cinq cents blogs[37] auxquels *Désirs d'Avenir* était lié. La notoriété du site a été assurée par les nombreux forums participatifs hébergés par *Désirs d'Avenir* et sur lesquels plus de cent cinquante mille contributions ont été déposées entre février 2006 et la fin de la campagne. Pourtant, les résultats de ce site ont été plutôt mitigés. La cinquantaine de forums en ligne a oscillé entre la tribune purement expressive et l'espace de discussions. D'où une certaine cacophonie à laquelle la candidate a dû répondre par la mise en place d'une équipe de soixante-dix modérateurs bénévoles, chargés de synthétiser quotidiennement les multiples forums thématiques. Quant au livre qui devait résulter de cette synthèse, il s'est soldé par deux chapitres publiés sur le site. *Désirs d'Avenir* n'est donc pas arrivé à toucher le public populaire. Parti socialiste en réduction, il n'est pas

---

[37] Le « Ségoland. » comme les responsables du site ont baptisé cette blogosphère.

parvenu à faire revenir dans le giron de ce parti, les couches sociales qui ne votaient plus pour lui.

Ainsi, à la différence de leurs homologues américains, les internautes français n'ont pas joint l'action militante de terrain aux débats sur la toile. Cette apathie tient probablement à une différence de culture politique, mais aussi à la particularité des internautes français comme le montre l'étude réalisée par Thierry Vedel et Yves-Marie Cann[38].

Tout d'abord, selon ces auteurs, les électeurs qui utilisent l'Internet à des fins politiques ne sont qu'une fraction de l'électorat. Leur activité principale consiste à rechercher des informations, mais cette activité ne concerne que 44 % d'entre eux et à peine 16 % si l'on ne dénombre que ceux qui cherchaient à s'informer régulièrement. De plus, de 2006 jusqu'au second tour de l'élection présidentielle l'Internet n'arrivait qu'en cinquième position parmi les moyens d'information utilisés, très loin derrière la télévision qui restait le moyen principal en la matière. Encore faut-il noter que les recherches sur Internet s'effectuaient principalement auprès des grands médias traditionnels puis sur les sites des moteurs de recherche comme Yahoo ou des fournisseurs d'accès comme Orange - preuve qu'en ligne ou hors ligne les grands médias traditionnels sont les principaux fournisseurs d'information ce qui relativise fortement l'idée d'un Internet comme medium alternatif.

Or le public qui cherche alors à s'informer sur le Web diffère singulièrement de l'ensemble du corps électoral. Il comprend 67 % de cadres et d'enseignants contre seulement 27 % d'ouvriers ou d'employés. Ce public est majoritairement masculin, relativement jeune et fréquemment issu des catégories sociales supérieures. Il dispose d'un capital culturel élevé et manifeste un plus grand intérêt pour la politique, une plus grande ouverture au monde, une tendance prononcée au libéralisme en matière sociale mais une réticence quant au libéralisme économique. Autrement dit, ce n'est pas l'usage de

---

[38] Thierry VEDEL et Yves-Marie CANN « Internet, une communication électorale de rupture » in Pascal PERRINEAU (Dir) *Le vote de rupture*, Les Presses de Sciences Po, 2008. p. 51-75.

l'Internet qui différencie les internautes de leurs compatriotes, mais leurs caractéristiques sociopolitiques. Ils illustrent la combinaison de la fracture civique et de la fracture numérique.

Ajoutons à cela qu'en dehors de la recherche d'informations, les internautes français ont été peu actifs dans la campagne présidentielle. Selon une enquête IFOP, à peine 26 % des internautes on visité le site d'un candidat, 19% on visionné une vidéo politique en ligne, 18 % on consulté un blog. Mais ceux qui ont utilisé le Net *régulièrement* sont encore moins nombreux (à peine 5 à 6 millions sur 44,5 millions d'électeurs). Quant aux centaines de blogs créés à cette occasion, ils se sont bornés le plus souvent à commenter les informations publiées par les vieux médias et ne sont pas parvenus à peser sur l'agenda de la campagne. Comme on le voit, l'usage de l'Internet à des fins politiques est donc minoritaire et sporadique. La net-campagne présidentielle de 2007 montre ainsi que l'Internet est encore une arène politique très secondaire. Elle ne touche qu'une fraction plutôt politisée de l'électorat et ne fait que dupliquer, sous forme numérique, les pratiques militantes et les manières traditionnelles de faire campagne. Elle est encore marginale par rapport à la télévision, à la radio ou à la presse écrite. L'Internet n'est pas encore capable de constituer un espace public autonome ou des canaux d'information alternatifs, même s'il a pu rendre visibles et tangibles les milliers de connexions entre internautes. Mais force est de constater que si la fracture numérique tend peu à peu à se résorber, elle n'a pas disparu puisqu'au moins 40% des électeurs français n'utilisaient pas régulièrement le Net durant la campagne de 2007.

Avec les développements d'applications de plus en plus sophistiquées basées sur des réseaux sociaux, il est à craindre, comme l'écrivent Thierry Vedel et Yves-Marie Cann, que : « le net tende à reproduire et même à exacerber la fracture civique qui divise traditionnellement les citoyens actifs, fortement impliqués dans la vie politique et la masse des citoyens qui ne disposent pas des ressources cognitives, ni du temps nécessaire pour maîtriser une environnement informationnel toujours plus complexe »[39].

---

[39] Thierry Vedel et Yves-Marie Cann « Internet, une communication électorale de rupture » loc.cit. p. 75.

Le temps ne semble pas encore venu où la cyber-démocratie pourra se substituer à la démocratie représentative. Les expériences de vote électronique ou de vote via Internet ne se sont, par exemple, jamais traduites par un recul significatif de l'abstention. Celles de forums électroniques locaux, conduites tant à l'étranger que dans des municipalités françaises, ne semblent guère plus mobilisatrices. La majorité des projets e-démocratiques encadrés par la puissance publique se limite à la seule diffusion d'information des gouvernants vers les gouvernés et les suites données aux consultations électroniques laissent les gouvernés sur leur faim faute de trouver un écho de leurs suggestions dans la décision finale. Quant à la participation des citoyens aux campagnes électorales sur la toile, elle n'a eu jusqu'ici que peu d'incidence sur le résultat final. L'usage d'Internet et des réseaux sociaux sert davantage à engranger des électeurs et des fonds plutôt qu'à infléchir les résultats électoraux.

La démocratie électronique n'est donc pas un substitut alternatif à la démocratie représentative. Elle peut, en revanche, être considérée comme une source d'enrichissement de cette dernière. Par son instantanéité et sa très grande diffusion, l'Internet permet de remédier à certaines difficultés de la délibération classique et de l'organisation des débats. En associant les citoyens à l'élaboration des décisions publiques, le recours à l'Internet peut leur conférer une certaine transparence dans la mesure où les autorités publiques doivent les informer et justifier leurs décisions quoique la décision finale appartienne au pouvoir politique et que l'usage d'Internet combine fracture numérique et fracture civique.

Aussi conclurons-nous avec Jérôme Tournadre-Plancq : « La démocratie électronique n'est ni le simple assemblage d'instruments vaguement participatifs moqué par ses détracteurs, ni le remède à une quelconque "crise de la démocratie" comme le suggèrent nombre de ses partisans. Elle peut en revanche permettre l'insertion dans l'espace politique d'expressions et de formes d'expression qui, jusqu'à présent, n'ont pu y trouver leur place[40]. »

---

[40] Jérôme TOURNADRE-PLANCQ, Centre d'Analyse Stratégique, La note de veille n° 117, Novembre 2008.

LA RÉVOLUTION NUMÉRIQUE EST-ELLE UNE RÉVOLUTION DÉMOCRATIQUE ?

Jordane ARLETTAZ
Maître de Conférences
à l'Université de Nice-Sophia Antipolis

La question des rapports qu'entretiennent Démocratie et Internet conduit généralement à s'interroger autour d'une problématique toute particulière : Internet ou, plus largement, les nouvelles technologies de l'information et de la communication, sont-elles une chance pour la démocratie ou constituent-elles au contraire un danger ? Pour d'aucuns, cette problématique est dès le départ entachée d'une autre problématique, plus profonde car d'ordre méthodologique, que serait l'impossibilité de définir la démocratie, de l'appréhender dans son essence. Il est vrai que la littérature est depuis l'Antiquité prolixe en la matière et qu'elle s'inscrit tout aussi bien dans le champ sociologique voire sociétal, que dans les champs historique, philosophique et, bien entendu, juridique. Pour autant, il n'y aurait de recherches sans détermination d'un choix méthodologique, d'un postulat originel et, si possible même, d'un consensus, autour de la notion de démocratie. La démocratie doit en effet pouvoir être appréhendée dans ses deux acceptions principales que sont l'aspect procédural – la participation du peuple à la désignation et à l'exercice du pouvoir – et l'aspect substantiel – la protection des droits et libertés fondamentaux. La démocratie est donc ce régime politique capable de constituer, dans tous les sens du terme, une citoyenneté active et préservée de toute ingérence étatique de type autoritaire. Si cette définition minimaliste de la démocratie fait consensus, il semble alors que le problème méthodologique du questionnement autour de l'impact d'Internet sur la démocratie soit ce faisant résolu.

Pourtant, la question des liens entre démocratie et internet sous l'angle limité des effets des nouvelles technologies sur la notion de démocratie, pour être tout à la fois pertinente et nécessaire, paraît néanmoins insuffisante. Cette question contraint en effet le chercheur à orienter ses réflexions autour d'un axe principal qui le conduit ainsi à éprouver, à tester les axiomes démocratiques sous l'angle unique de la remise en cause de ces axiomes, de leur redéfinition voire, de leur dépassement. Or cet angle semble pour tout dire dépassé au regard de la banalisation de l'accès et de l'usage d'Internet dans les pays développés. La réflexion doit donc être élargie et pour ce faire, il faut prendre au sérieux le concept nouveau d'e-démocratie, s'en saisir comme tout objet d'analyse certes mais, surtout, le mettre à l'épreuve puisqu'il s'agirait, selon ses défenseurs, d'un bouleversement des principes mêmes sur lesquels repose aujourd'hui la démocratie, de la construction d'un modèle repensé du vouloir vivre ensemble ou encore d'une proposition originale qui balaierait le consensus, vieux de plusieurs siècles, autour d'un gouvernement de type représentatif[1], alors que les sceptiques pour leur part ne pensent déceler dans l'e-démocratie qu'une utopie stérile.

Prendre donc au sérieux la notion de démocratie électronique et, plus spécifiquement, celle de cyberdémocratie. Car en réalité, le terme de « e-démocratie » ou de « démocratie électronique » n'est pas apparue avec Internet mais avec l'invention de l'ordinateur et a connu une triple évolution au cours des 50 dernières années[2] :

- le temps de la cybernétique d'abord, où l'ordinateur devient un instrument entre les mains du pouvoir, un outil efficace de planification et d'aide à la décision, une « *machine à gouverner* »[3]

- le temps de la télédémocratie ensuite, qui quitte, pour partie seulement, les mains du pouvoir pour affecter l'ensemble de la société civile dans un mouvement de démocratisation de la production de l'information

- la cyberdémocratie enfin, exclusivement liée au développement de l'outil Internet, sorte de « *cyberespace ouvert, déterritorialisé, non hiérarchique, réflexif* »[4] et qui nous met donc au défi de penser autrement la notion de démocratie.

Alors, la cyberdémocratie pourrait être une forme nouvelle de démocratie et les arguments tendant à démontrer que la démocratie

---

[1] Voir l'analyse des vertus et des écueils d'Internet par D. CARDON, « Vertus démocratique de l'Internet », La Vie des idées (www.laviedesidees.fr).

[2] T VEDEL, « L'idée de démocratie électronique : origines, visions, questions », *in* D. PERRINEAU (sous la dir.), *Le désenchantement démocratique*, Éd. De l'Aube, 2003, p. 244.

[3] *Ibidem.*

[4] *Ibidem.*

serait tout autre, serait en quelque sorte « purifiée », une fois exercée par ordinateur interposé sont bien connus.

La cyberdémocratie corrigerait ainsi les insuffisances d'une démocratie par intermittence, celle qui réduit la citoyenneté aux seules élections organisées à des moments particuliers. La notion de démocratie continue est donc avancée[5] : continuité impulsée non plus par le haut mais directement initiée par les citoyens, continuité dans le temps bien sûr mais continuité dans l'espace aussi puisque Internet crée justement les conditions d'un réseau ininterrompu par une quelconque distance. Une continuité spatio-temporelle donc qui créerait les conditions d'une construction nouvelle de la citoyenneté[6] : la cyberdémocratie repose en effet sur une approche particulièrement active de la citoyenneté (un citoyen éclairé, informé, souhaitant participer aux débats politiques mais aussi contester, contrôler ou encore voter).

La cyberdémocratie amoindrirait également la séparation que d'aucuns appelle « frontière » entre les gouvernants et les gouvernés en raison d'un lien plus accessible, plus rapide et moins onéreux, entre l'élu ou le gouvernant, et le citoyen. Cette frontière perdrait aussi en pertinence sous l'effet d'une banalisation de la politique par les politiques eux-mêmes qui ouvrent blogs, facebook, twitter ou autres, comme l'ont fait des millions d'internautes lambda avant eux, faisant perdre à la sphère politique sa spécificité et son autonomie. En ce sens, la cyberdémocratie serait propice à l'institution d'une transparence plus effective de la vie politique.

Pour autant, comment prendre au sérieux la notion de cyberdémocratie ? En relevant d'abord que le terme même de cyberdémocratie renvoie certainement à une forme nouvelle de démocratie mais à une démocratie tout de même. Le terme suggère donc déjà qu'Internet représenterait plus qu'un outil accompagnant et renouvelant les procédures démocratiques classiques ; il exprime l'idée qu'Internet institue une nouvelle démocratie, un nouvel « espace constitutionnel » entre les citoyens et les institutions

---

[5] D. ROUSSEAU (sous la dir.), *La démocratie continue*, Actes du Colloque de Montpellier 2-4 avril 1992, L.G.D.J., Paris, 1995.

[6] S. RODOTÁ *La démocratie électronique. De nouveaux concepts et expériences politiques*, Éd. Apogée, 1999, 1999, p. 94.

publiques[7]. Dans ce contexte, prendre au sérieux le concept de cyberdémocratie, c'est nécessairement questionner cette notion dans sa généralité. En d'autres termes, la cyberdémocratie n'est-elle qu'un outil au service de la démocratie représentative ou constitue-t-elle un nouvel espace démocratique qui se construirait en parallèle, à côté, de la démocratie représentative ? Par ailleurs, la cyberdémocratie et, plus précisément, la gouvernance d'Internet, est-elle démocratique ? Car prendre au sérieux le concept de cyberdémocratie, c'est aussi évaluer les effets des exigences démocratiques sur le fonctionnement d'Internet.

Il y aurait donc une double piste de réflexions derrière la notion de cyberdémocratie : celle qui voit la démocratie à l'épreuve de la révolution numérique (I), mais également celle qui voit Internet à l'épreuve du défi démocratique (II).

I - La démocratie à l'épreuve de la révolution numérique

Pour analyser l'enjeu démocratique selon une approche exclusivement formelle, il est possible de peindre grossièrement le tableau du citoyen pleinement engagé dans la sphère publique et politique d'un État démocratique, de retracer le « parcours » idéal du citoyen acteur qui est aussi le parcours qu'emprunte le droit, de l'élaboration de la règle juridique à son adoption.

Le citoyen acteur doit d'abord disposer des *informations* nécessaires lui permettant d'acquérir les connaissances suffisantes sur un sujet soumis à la discussion. La démocratie, en ce sens, tend à instituer un citoyen éclairé. Or en la matière, révérence faite aux défenseurs de la cyberdémocratie, la révolution numérique est indubitablement une révolution de l'information, d'un point de vue tant quantitatif que qualitatif. Internet permet en effet d'accroître sans limites le nombre de documents consultables par le citoyen en même temps qu'il diversifie les types de documentations qui peuvent prendre la forme de rapports, comptes-rendu, vidéos, bande-son, etc... Le citoyen peut ainsi parfaire sa culture générale, confronter les

---

[7] S. RODOTÁ, *La démocratie électronique. De nouveaux concepts et expériences politiques*, Éd. Apogée, 1999, p. 97.

expériences étrangères dans le domaine considéré et saisir dès lors plus fondamentalement les enjeux du sujet débattu. Mais, indépendamment du débat, le citoyen dispose avant tout d'un outil efficace pour faire honneur à l'adage selon lequel « nul n'est censé ignorer la loi », qui lui permet de ne pas transgresser celle-ci tout en revendiquant celle-là[8]. On pense bien entendu au site legifrance créé par le Gouvernement en 1998[9] mais aussi, et plus récemment, au phénomène de retranscription par des journalistes, en direct et sur le Net, des débats engagés au sein de nos juridictions lors de procès largement médiatisés[10], faisant honneur, cette fois, non plus à une approche normativiste de la règle juridique mais à une vision réaliste du droit, celle de l'interprétation-création de la norme par le juge.

Parcours idéal donc du citoyen acteur qui, informé, est alors invité *à la discussion, à la délibération*. Le citoyen, éclairé, se fait citoyen engagé. La révolution numérique aurait alors pour principal effet, dans ce cadre, de constituer un lieu permanent et efficace de discussion, de « revitaliser une démocratie du débat »[11], à travers des forums de discussion, messageries et autres blogs. Internet serait donc plus qu'un outil : il serait un lieu, à savoir cet espace public ouvert à la délibération et si cher à Habermas. Qu'il soit cependant possible de relativiser cette représentation si angélique d'Internet. D'abord parce qu'il convient de distinguer deux types de débats : ceux qui se créent spontanément par la communauté des internautes et ceux qui sont institutionnellement initiés. Les premiers peuvent subir la critique de la stérilité puisqu'au processus délibératif doit suivre un processus décisionnel qui ne semble pas évident ici. Les seconds, ceux institutionnellement initiés, outre qu'ils pourraient subir la même critique n'étant pas toujours associés à une proposition

---

[8] E. CARTIER, « Publicité, diffusion et accessibilité de la règle de droit dans le contexte de la dématérialisation des données juridiques », *A.J.D.A.* 2005, p. 1092.

[9] J. CARTRON, « Légifrance, naissance de l'information juridique officielle sur le web », *R.F.D.A.* 1998, p. 689.

[10] Voir notamment : P. JOLLY et X. TERNISIEN, « La justice en direct sur le Net », *Le Monde*, samedi 20 juin 2009, p. 3.

[11] T. VEDEL, « L'idée de démocratie électronique : origines, visions, questions », *in* P. PERRINEAU (sous la dir.), *Le désenchantement démocratique*, Éd. De l'Aube, 2003, p. 244.

normative, ne prennent pas place dans un espace public autonome alors même que cette qualité peut sembler nécessaire pour que l'espace public remplisse pleinement sa fonction expressive. Relativisation ensuite parce qu'il apparaît, selon les études sociologiques menées en la matière, que les internautes sont naturellement enclins à s'exprimer sur des sites ou forums qui ont leur préférence idéologique si bien que la contradiction ne semble apparaître qu'à la marge. Relativisation surtout puisque, loin de répondre à l'éthique de la discussion, les internautes, certes placés sur un pied d'égalité, développent peu l'échange argumenté et ne s'engagent pas dans l'élaboration d'une position commune ou, pour le moins, d'un consensus. La phase délibérative est inexistante. L'objectif diffère donc et consiste principalement en une démarche militante, contestatrice, à l'origine de ce que d'aucuns appellent des « communautés discursives ».

Le 3ᵉ temps du parcours du citoyen est celui qui le voit participer au processus d'élaboration d'un projet de norme. À ce stade de développement de la cyberdémocratie, il semble que ce temps là est loin d'être advenu, le citoyen n'étant que peu associé au processus de création littérale de la règle de droit. Il reste cependant une alternative : celle du referendum d'initiative populaire qui permet aux citoyens, par définition, d'être les auteurs de la proposition normative. Dans ce cadre en effet, Internet semble constituer un outil efficace permettant aux internautes de faire circuler une proposition de loi qui pourra être facilement validée par les internautes. On sait cependant, dans le cas de la France, que la dernière révision constitutionnelle laisse l'initiative du referendum législatif aux seuls parlementaires, excluant de ce fait tout referendum d'initiative populaire[12].

Le 4ᵉ temps est celui de l'adoption du projet de norme, adoption dont les modalités se voient redéfinies en raison du développement du vote électronique.

---

[12] Article 11 al. 3 de la Constitution de 1958 : « Un référendum portant sur un objet mentionné au premier alinéa peut être organisé à l'initiative d'un cinquième des membres du Parlement, soutenue par un dixième des électeurs inscrits sur les listes électorales. Cette initiative prend la forme d'une proposition de loi et ne peut avoir pour objet l'abrogation d'une disposition législative promulguée depuis moins d'un an ».

Au final, la révolution numérique peine, dans les faits, à dépasser le seul stade d'une révolution de l'information puisque la cyberdémocratie, qui peut certes s'avérer efficace en matière d'information (1ère étape) et d'adoption de la norme (dernière étape), n'affecte pas les procédures classiques d'élaboration du droit entre ces deux temps de la création juridique. En effet, s'il est possible de s'accorder sur l'idée d'une citoyenneté particulièrement active, sur l'hypothèse d'un citoyen engagé, éclairé et qui souhaite participer pleinement aux débats et aux décisions politiques, bref si, une nouvelle fois, la notion de cyberdémocratie est prise au sérieux, force est de constater que les procédures d'élaboration des règles juridiques ne s'ouvrent que très modestement à l'outil Internet au moment de la rédaction et de la délibération de la norme. Or, limiter la démocratie au seul moment de l'adoption de la norme, sans associer les citoyens à la phase préparatoire de la décision, ramener la démocratie à une simple procédure de ratification, présentent le risque d'une déviance vers une démocratie référendaire voire plébiscitaire[13].

Mais il est aussi possible de relativiser cette hypothèse et de constater qu'une partie non négligeable des citoyens ne souhaitent pas s'impliquer activement dans la vie politique, du moins quotidiennement. Les principes mêmes de la démocratie représentative ont en quelque sorte éteint cette problématique par l'élection générale qui permet, pendant une période relativement courte, de fédérer les citoyens actifs et passifs. La cyberdémocratie, en postulant un « état de politisation permanent »[14], ne semble pas pouvoir répondre à ce qui constitue peut-être sa propre limite. Et ce n'est peut-être pas un hasard si les expériences les plus abouties de cyberdémocratie se sont inscrites dans le cadre d'une démocratie électronique locale, initiée par la volonté d'élus municipaux, les problématiques locales permettant de stimuler l'intérêt pour le débat par le plus grand nombre, alors même qu'Internet est régulièrement présenté comme l'outil de la mondialisation, de l'ouverture aux autres

---

[13] S. RODOTÁ, *La démocratie électronique. De nouveaux concepts et expériences politiques*, Éd. Apogée, 1999, p. 58.

[14] T. VEDEL, « L'idée de démocratie électronique : origines, visions, questions », *in* P. PERRINEAU (sous la dir.), *Le désenchantement démocratique*, Éd. De l'Aube, 2003, p. 256.

cultures, de la participation aux grands défis mondiaux qui dépassent largement le cadre limité des États-nation[15].

Ainsi donc, une cyberdémocratie ne s'est pas pour l'heure substituée à la démocratie représentative ; elle ne vient qu'affecter, corriger à la marge, les principes traditionnels sur lesquels s'est fondée la notion de démocratie. Il reste cependant à déterminer quelle est justement cette marge : la cyberdémocratie rend certainement plus efficace et moins coûteux les procédés de démocratie directe. Il semble alors qu'elle ne constitue qu'un simple outil qui ne parvient pas à régler la problématique de la pertinence et surtout de la volonté politique pour une consultation plus fréquente des citoyens – la Constitution réserve aux seuls acteurs de la démocratie représentative, le choix discrétionnaire de la consultation populaire. Une autre marge s'observe par ailleurs, plus étonnante, qu'est l'émergence de partis politiques ayant pour principal programme la libéralisation totale de l'usage d'Internet, partis politiques présents aux élections législatives (et parfois dans l'hémicycle comme c'est le cas en Suède) et qui placent donc la problématique d'Internet au cœur du débat politique prenant place au sein de la démocratie représentative.

Mais il ne s'agit ici que d'une projection, dans le cadre de la démocratie représentative, d'un choix de société particulier et reposant sur les enjeux d'Internet. À ce titre, il est possible de noter un autre phénomène de projection des principes démocratiques traditionnels en ce qui concerne, plus spécifiquement, la problématique de la gouvernance d'Internet.

---

[15] Cf. notamment le Public Electronic Network (PEN) créé à Santa Monica en 1989, en qualité de « *réseau considéré comme l'une des expériences les plus avancées de démocratie électronique. Les citoyens peuvent s'en servir comme source d'informations, comme service de courrier électronique entre les citoyens ainsi qu'entre ceux-ci et l'administration, comme forum électronique pour participer à des débats sur des questions diverses et enfin aux délibérations du Conseil municipal et de ses commissions* ». S. RODOTÁ, *La démocratie électronique. De nouveaux concepts et expériences politiques*, Éd. Apogée, 1999, p. 49.

II - Internet à l'épreuve du défi démocratique

Si Internet peut être présenté comme un simple outil – un outil efficace certainement, mais un outil seulement – de développement de la démocratie dans sa conception traditionnelle, au mieux comme un correcteur des insuffisances de celle-ci, il est aussi possible de noircir plus avant le tableau et de considérer par ailleurs que le caractère vertueux d'Internet ne saurait se réaliser pleinement sans le droit, sans une réglementation de son usage et de son fonctionnement, une réglementation produite par les acteurs mêmes de la démocratie représentative. En d'autres termes, la cyberdémocratie ne serait démocratique qu'en raison de l'application, en son sein, d'un ensemble de contraintes juridiques définies et débattues dans le cadre de la démocratie classique. On pense évidemment aux différentes règles juridiques ayant pour objet la protection des droits et libertés fondamentaux sur la toile. On pense aussi, en référence à cet aspect de ressource publique que constitue Internet, aux dispositions tendant à garantir l'accessibilité d'Internet à tous les citoyens sous peine de créer un fossé numérique. Ainsi, au regard des exigences déontologiques liées au bon usage d'Internet, les démocraties ont tendance à projeter dans l'univers de l'Internet, des items de leur propre axiologie : la liberté, la protection, la confiance, la concurrence et la transparence[16].

En ce sens, le fonctionnement, la gouvernance, l'encadrement d'Internet sont traversés par des courants pluriels et hétérogènes qui envisagent de manière contradictoire les modalités de régulation d'Internet mais qui, toutes, participent au débat démocratique. Selon une approche libertaire d'Internet, ce dernier constituerait « *un territoire nouveau qui doit échapper aux modalités verticales de régulation* », les contraintes étatiques n'ayant pour seul effet que « *d'entraver les opportunités que cette technologie offre à l'individu* »[17]. Pour d'autres, il convient de privilégier un système d'auto-régulation d'Internet c'est-à-dire une régulation du réseau « *par des normes volontairement développées*

---

[16] J. DO-NASCIMENTO, « L'Internet entre acteurs publics et privés. Vers une régulation centrifuge ou centripète ? », *in* A. DAHMANI, J. DO-NASCIMENTO, J-M. LEDJOU, J.-J. GABAS (sous la dir.), *La démocratie à l'épreuve de la société numérique*, Éd. Gemdev – Karthala, 2007, p. 76.
[17] *Idem*, p. 67.

et acceptées par ceux qui prennent part à cette activité »[18], qu'il s'agisse des internautes à travers les règles de conduite posées dans le cadre de forums de discussion ou des professionnels par le biais de Chartes d'éthique, de codes de bonne conduite ou autres. Les États sont pour leur part majoritairement défenseur d'une vision réglementaire d'Internet. Il existe enfin une approche coopérative de la régulation qui souhaite que la définition des règles relatives au fonctionnement d'Internet relève d'une instance de concertation regroupant les usagers, les acteurs économiques et les autorités publiques[19].

Mais il existe aussi, plus fondamentalement, une régulation strictement technique du réseau, une régulation de l'architecture même d'Internet[20]. Or celle-ci, en raison de sa complexité et de sa technicité propre, touche à un aspect à la fois crucial et déterminant de la cyberdémocratie. Car l'administration technique de la structure d'Internet relève pour d'aucuns d'un « pouvoir quasi-constituant ». La façon dont a été créé et pensé le réseau Internet repose en effet sur plusieurs principes fondamentaux, qualifiés parfois de « principes cyberconstitutionnels »[21], dont notamment le principe de gratuité de la création d'un site Internet, le principe de neutralité selon lequel les réseaux se limitent à transporter les informations sans en modifier le contenu et le principe d'interopérabilité qui permet la connexion à tous sites indépendamment du lieu géographique de sa création ou du lieu où se situe l'internaute. C'est donc cette philosophie originelle d'Internet, reposant sur une certaine éthique de l'information, qui souhaite être techniquement préservée en ce qu'elle confère à Internet l'architecture d'un « *réseau ouvert et non propriétaire* »[22].

Pour préserver le respect de ces trois principes cyberconstitutionnels qui sont au fondement de la constitution d'une réelle cyberdémocratie, il faut nécessairement pérenniser la technicité

---

[18] *Idem*, p. 68.

[19] *Idem*, p. 70.

[20] B. BENHAMNOU, « Que nous réserve le numérique ? », *Esprit*, mai 2005.

[21] J. DO-NASCIMENTO, « L'Internet entre acteurs publics et privés. Vers une régulation centrifuge ou centripète ? », *in* A. DAHMANI, J. DO-NASCIMENTO, J-M. LEDJOU, J.-J. GABAS (sous la dir.), *La démocratie à l'épreuve de la société numérique*, Éd. Gemdev – Karthala, 2007, p. 73.

[22] *Idem*, p. 73.

propre à Internet, dont notamment le système de gestion des noms de domaine. Le nom de domaine étant, pour une présentation simplifiée, l'adresse mail d'un site déterminé, le système de gestion des noms de domaine est un système relativement complexe, maîtrisé et mis en œuvre par différents serveurs, qui ont pour fonction d'établir la connexion entre l'adresse dite IP de chaque ordinateur, et le nom de domaine, à savoir le site recherché. Il s'agit donc ici de l'une des rares structures centralisées du réseau[23]. Et cette centralisation n'est pas seulement technique, elle est aussi géographique puisque 2 serveurs seulement sont établis en Europe alors que 10 sont situés aux États-Unis. Mais, surtout, l'ensemble de cette architecture est aujourd'hui géré par l'ICANN (Internet Corporation for Assigned Names and Numbers), organisme de droit privé établi en Californie et créé en 1998 dans le cadre d'un accord conclu avec le Gouvernement américain. L'ICANN est donc aujourd'hui au cœur de la gouvernance d'Interne, ce qui ne manque pas de soulever un ensemble de critiques.

Ces critiques sont à la hauteur du pouvoir de l'ICANN : en théorie en effet, l'ICANN peut tout simplement effacer, en un clic, l'ensemble des ressources d'un État ou rendre inaccessibles toutes les adresses en « .fr »[24]. Les États-Unis ne souhaitaient pas jusqu'à récemment amputer à l'ICANN, la compétence qui est la sienne, ni lui ôter sa dépendance juridique avec le Département du commerce du Gouvernement américain. D'autres États, dont notamment la Chine et l'Iran, revendiquent une gestion strictement étatique d'Internet, développant en parallèle une technique qui pourrait concurrencer voire perturber le système des noms de domaine géré par l'ICANN. L'Union européenne enfin, suggère une gestion collégiale, par l'ensemble des États, du système de gestion des noms de domaines, sous l'égide, notamment, de l'ONU qui dispose depuis 2003, d'un Forum de gouvernance de l'Internet. En d'autres termes, la position européenne, rappelée récemment par la Commissaire européenne chargée de la société de l'information et des média, Viviane Reding, tend à instituer une régulation démocratique, avec la pleine participation des États, des organisations internationales et des

---

[23] B. BENHAMNOU, « Que nous réserve le numérique ? », *Esprit*, mai 2005.
[24] L. CHECOLA, « Pourquoi l'ICANN domine la gestion du Net », *Le Monde*, 2 octobre 2009.

acteurs du réseau[25]. Cette régulation démocratique appelle évidemment une centralisation qui tranche avec la structure centrifuge du réseau. Pourtant, il s'agit bien de la recherche d'un modèle idéal de régulation d'Internet qui « puise ses sources dans l'axiologie de la démocratie »[26].

Ce débat n'est pas vain puisqu'il est à l'origine de deux évolutions importantes du statut de l'ICANN. En 1er lieu, cet organisme, pour répondre aux critiques émises en son encontre, a modifié son fonctionnement interne dans un sens plus démocratique. Il a d'abord institué en son sein un Comité consultatif gouvernemental où sont représentés l'Union européenne, les États et l'ONU. Il a également permis aux internautes du monde entier d'élire leurs représentants au sein du Directoire. En 2nd lieu, l'accord de dépendance liant l'ICANN au Département du commerce des Etats-Unis ayant pris fin le 30 septembre dernier, Barack Obama a décidé de ne pas renouveler cet accord, rendant l'ICANN désormais totalement indépendante par rapport au Gouvernement américain[27].

Si cette indépendance ne fera certainement pas taire les critiques, celles portant notamment sur la dépendance de l'ICANN vis à vis des opérateurs économiques, elle crée cependant les conditions pour l'institution d'une véritable régulation démocratique d'Internet dont l'enjeu n'est rien de moins que la pérennisation de son architecture technique qui repose sur des principes démocratiques de gratuité, de neutralité et d'interopérabilité. Et dans l'hypothèse d'une régulation réellement démocratique d'Internet par une instance centralisée, il faudra alors se demander dans quelles mesures ses décisions, prises à l'échelle mondiale et sur la base d'un électorat le plus large possible, pourront affecter les normes étatiques issues de la démocratie représentative.

---

[25] Voir notamment l'entretien de V. REDING accordé au journal *Le monde* en date du 29 septembre 2009.

[26] J. DO-NASCIMENTO, « La régulation d'Internet au regard du Droit public », in A. DAHMANI, J. DO-NASCIMENTO, J-M. LEDJOU, J.-J. GABAS (sous la dir.), *La démocratie à l'épreuve de la société numérique*, Éd. Gemdev – Karthala, 2007, p. 118.

[27] L. CHECOLA, « Le contrôle de l'ICANN, un enjeu diplomatique », *Le Monde*, 29 septembre 2009.

LE VOTE ÉLECTRONIQUE : MODALITÉS, POTENTIALITÉS, DANGERS

Olivier LE BOT

Professeur à l'Université de Nice-Sophia Antipolis

L'époque contemporaine est marquée par un développement de l'électronique dans divers aspects de notre vie desquels elle était jusque là absente. Cette percée modifie les actes de la vie quotidienne avec le livre électronique ou encore le paiement électronique. Elle influe également sur les relations avec l'administration : l'administration électronique ou e-administration, qui permet de réaliser en ligne certaines formalités (déclarer ses revenus, déposer une pré-plainte, obtenir un extrait d'acte de naissance, etc.)[1]. Mais un acte, plus solennel cette fois et qui constitue un moment majeur de la vie démocratique, pourrait à son tour connaître un bouleversement sous l'effet de l'électronique. Cet acte essentiel, expression d'un choix, c'est le vote. Vote que l'évolution des technologies permet – c'est techniquement possible – d'exercer aujourd'hui sous une forme électronique.

Qu'est précisément le vote électronique ? Le vote électronique, c'est un vote réalisé à l'aide de systèmes informatiques, c'est un vote sans bulletin papier, un vote dématérialisé. C'est un vote qui, selon la définition du Conseil de l'Europe, implique « le recours à des moyens électroniques au moins lors de l'enregistrement du suffrage »[2].

En France, on observe depuis plusieurs années un véritable engouement pour le vote électronique dans le domaine des élections *non politiques*. Dans l'objectif de faciliter, et donc de favoriser la participation, ce procédé a été autorisé pour le vote dans les assemblées d'actionnaires, pour les élections professionnelles, pour l'élection des membres des Chambres de commerce et de l'industrie,

---

[1] Voir notamment Georges CHATILLON, « L'administration électronique », *RIDC* 2006, pp. 673-725.

[2] Conseil de l'Europe, Comité des ministres, recommandation n° 2004-11 aux Etats membres sur les normes juridiques opérationnelles et techniques relatives au vote électronique, 30 septembre 2004.

des tribunaux de commerce et des juridictions prud'hommales[3]. Il pourra concerner demain – un texte est en cours d'examen devant le Parlement – les élections universitaires[4].

Le vote électronique connaît ainsi une expansion extrêmement rapide et importante en matière d'élections non politiques. En revanche, en matière d'élections *politiques*, auxquelles se limite cette contribution, son utilisation a été nettement contenue : en France d'abord, mais aussi à l'étranger (même si, çà ou là, la prudence est moins affirmée). Il est vrai que cet instrument, très largement nouveau, soulève de multiples interrogations : interrogations politiques et interrogations juridiques. Comment fonctionne-t-il ? Qu'apporte-t-il à notre démocratie ? Quel regard le juriste doit-il porter sur cet instrument ? Et, plus fondamentalement, le vote électronique est-il ou doit-il être le vote de demain ?

Pour répondre à ces questions, et afin d'obtenir une vision générale des problématiques en cause, la thématique du vote électronique peut être abordée selon trois axes en envisageant successivement ses *modalités*, ses *potentialités* et – point qui paraît le plus important – ses *dangers*.

I. Modalités

Le vote électronique peut s'exercer selon deux modalités distinctes. La notion de vote électronique recouvre en effet deux situations : le vote sur une machine à voter, dans un bureau de vote ; et le vote à distance, à partir de n'importe quel ordinateur. Dans le premier cas, celui de la machine à voter, l'électeur doit se rendre dans un bureau de vote. Au lieu de déposer un bulletin dans une urne, il votera sur une machine spécialement installée. Dans le second cas, celui du vote à distance, l'intéressé n'a pas à se déplacer. Il peut voter de chez lui ou de n'importe quel endroit équipé d'un ordinateur ayant une connexion internet.

---

[3] Voir Géraldine GOFFAUX-CALLEBAUT, « Les bonnes pratiques du vote électronique », *Comm. com. électr.* 2006, étude 24, § 1.
[4] Proposition de loi n° 1921 du 16 septembre 2009, adoptée en première lecture le 28 septembre 2009.

Il existe donc deux moyens de voter dans l'urne électronique (urne électronique qui n'est autre qu'un fichier informatique enregistrant les choix des électeurs).

A. Le vote sur une machine à voter

La première modalité de vote électronique nécessite le déplacement jusqu'au bureau de vote. L'électeur doit être physiquement présent dans le bureau de vote, comme pour un vote papier.

1. Comment cela fonctionne-t-il ?

Matériellement, la machine à voter se présente à l'électeur comme une console de 50 centimètres de large, sur 30 de haut, avec une touche pour chaque candidat. Elle peut également se présenter comme un écran tactile présentant un encadré pour chaque candidat. En pratique, la machine à voter est un ordinateur, qui fonctionne généralement sur une architecture PC, avec un système d'exploitation, un disque dur, etc.

La procédure de vote au moyen d'une machine à voter comporte quatre étapes.

La première étape est semblable à un vote traditionnel : l'individu présente sa carte d'identité et sa carte d'électeur ; les membres du bureau vérifient qu'il est bien présent sur la liste d'émargement.

Deuxième étape : l'activation de la machine. Cette activation peut être réalisée de deux manières, selon le modèle de machine. Soit (modèles NEDAP et RID) le président du bureau de vote active lui-même la machine avant le passage de chaque électeur, ce qui est relativement contraignant. Soit (modèle INDRA), le président remet à l'électeur une carte à puce permettant une activation directement par l'intéressé.

Troisième étape : l'électeur effectue et valide son vote, soit en pressant des touches, soit en appuyant sur un écran tactile. Il sort alors de l'isoloir abritant la machine et est déclaré avoir voté (« a voté »). Il peut ensuite signer la liste d'émargement.

Quatrième et dernière étape : le dépouillement. Il n'y a pas à proprement parler de dépouillement car le résultat est connu en un instant dès la clôture du scrutin[5]. Un ticket présentant les résultats est édité par la machine.

2. Quelles sont les élections concernées ?

En France, les machines à voter ont été autorisées par le législateur en 1969[6]. Leur usage était possible pour tous les scrutins politiques mais uniquement dans les communes de plus de *30 000* habitants. Seules 26 communes y eurent recours et, en raison de difficultés techniques, le procédé fut rapidement abandonné. Il faudra attendre la fin des années 1980 pour que le mouvement en faveur des machines à voter soit relancé. La loi n° 88-1262 du 30 décembre 1988 étend la possibilité d'y recourir à toutes les communes de plus de 3 500 habitants[7]. Précisons qu'une commune décide librement de

---

[5] Qui doit être public, y compris pour les élections non politiques. La Cour de cassation a sanctionné un accord préfectoral prévoyant que les opérations de clôture du télévote seraient effectuées par le prestataire de services, sans que l'électeur ait accès aux opérations essentielles du vote Voir, sur ce point, Géraldine GOFFAUX-CALLEBAUT, « Les bonnes pratiques du vote électronique », *Comm. com. électr.* 2006, étude 24, § 33.

[6] Loi n° 69-419 du 10 mai 1969 modifiant certaines dispositions du code électoral.

[7] Cette disposition est aujourd'hui codifiée à l'article 57-1 du code électoral, rédigé comme suit :

« Des machines à voter peuvent être utilisées dans les bureaux de vote des communes de plus de 3 500 habitants figurant sur une liste arrêtée dans chaque département par le représentant de l'État.

Les machines à voter doivent être d'un modèle agréé par arrêté du ministre de l'Intérieur et satisfaire aux conditions suivantes :

– comporter un dispositif qui soustrait l'électeur aux regards pendant le vote ;

– permettre aux électeurs handicapés de voter de façon autonome, quel que soit leur handicap ;

– permettre plusieurs élections de type différent le même jour à compter du 1er janvier 1991 ;

– permettre l'enregistrement d'un vote blanc ;

– ne pas permettre l'enregistrement de plus d'un seul suffrage par électeur et par scrutin ;

recourir ou non à ce procédé. Si elle souhaite y recourir, elle doit y être autorisée par le préfet[8].

En 2005, 55 communes ont utilisé des machines à voter. En 2007, elles étaient 81 au premier tour de l'élection présidentielle, et 77 au second, ce qui a représenté 1,5 millions d'électeurs, soit un peu plus de 3,3 % du corps électoral[9].

Le recours aux machines à voter a également été mis en œuvre **à l'étranger**[10]. Les Pays-Bas arrivent en tête avec plus de 90 % des suffrages exprimés à l'aide des machines. En Belgique, depuis 1999, 44 % des électeurs votent à l'aide de machines à voter. L'Allemagne s'engage de façon plus prudente dans ce mouvement puisque 5 % seulement des électeurs – se trouvant dans cinq *Länder* principalement – sont concernés.

La seconde modalité de vote est nettement moins utilisée encore. Il s'agit du vote électronique à distance.

B. Le vote électronique à distance

Selon cette seconde modalité de vote, ce n'est plus le citoyen qui va à l'urne – électronique – mais l'urne qui vient à lui.

– totaliser les suffrages obtenus par chaque liste ou chaque candidat ainsi que les votes blancs, sur des compteurs qui ne peuvent être lus qu'après la clôture du scrutin ;
– totaliser le nombre des votants sur un compteur qui peut être lu pendant les opérations de vote ;
– ne pouvoir être utilisées qu'à l'aide de deux clefs différentes, de telle manière que, pendant la durée du scrutin, l'une reste entre les mains du président du bureau de vote et l'autre entre les mains de l'assesseur tiré au sort parmi l'ensemble des assesseurs ».

[8] Préfet qui pourra opposer un refus, notamment s'il apparaît que le choix de ce procédé suscite de fortes dissensions au sein du Conseil municipal ou que celui-ci est trop rapproché d'une élection à venir.

[9] Conseil constitutionnel, *Les Cahiers du Conseil constitutionnel*, n° 24, octobre 2007, p. 52.

[10] Voir, pour les trois exemples cités : Service des études juridiques du Sénat, « Le vote électronique », étude de législation comparée n° 176, septembre 2007, 36 p.

L'opération de vote va être accomplie à distance, par Internet en général, même si d'autres moyens de communication sont envisagés ou expérimentés (le vote par Intranet, le vote par téléphone – via le service audiotel – et même le vote par SMS[11]).

Ce vote électronique à distance s'accomplit en dehors du cadre symbolique du bureau de vote, à partir de chez soi ou, plus largement, à partir de n'importe quel ordinateur bénéficiant d'un accès à internet. Il n'y a plus d'urne, plus d'isoloir. Le vote se fait en un « clic ».

Matériellement, l'opération de vote va se dérouler en **trois étapes**.

Dans un premier temps, l'électeur *s'identifie* en entrant le ou les identifiants qui lui ont été adressés, ainsi que le code secret qui lui a été remis.

Il effectue ensuite *son choix* et doit le *valider* pour que celui-ci soit pris en compte.

Enfin, dans un troisième et dernier temps, le *dépouillement* intervient, et ce dans des conditions identiques à celles résultant d'un vote par machine à voter. Le résultat est immédiatement et automatiquement connu dès la fin du scrutin.

Trois précisions doivent être apportées sur le régime du vote à distance.

Première précision : en droit français comme à l'étranger, le vote par Internet est toujours (jusqu'à présent) *un choix* pour l'électeur. La personne réfractaire au vote électronique conserve donc la possibilité de voter selon les modalités classiques (bulletin papier, isoloir, etc.).

Deuxième précision : le vote électronique à distance se déroule sur *plusieurs jours*, afin d'éviter une saturation des serveurs et afin de pouvoir faire face à d'éventuelles pannes informatiques.

Troisième précision, qui se présente sous la forme d'une interrogation : est-il possible de pouvoir *modifier* son vote pendant cette période ? Est-il possible de revenir sur son choix initial tant que les opérations électorales ne sont pas closes ? En droit français, on considère que le vote exprimé par Internet est définitif, ce qui exclut

---

[11] Le vote par SMS a été expérimenté, lors d'une consultation, par le canton de Zürich. Il est également employé pour le vote électronique en Estonie.

la possibilité de revenir sur son premier choix[12]. Cette solution ne va pas de soi. Il s'agit d'une simple transposition, au vote électronique, d'une règle appliquée au vote par bulletin papier. En effet, dans le cadre classique, une fois le bulletin déposé dans l'urne, il est matériellement impossible de le reprendre : l'urne est fermée à clef et le bulletin se noie dans la masse des autres bulletins présents dans l'urne. Il en va différemment avec le vote électronique : la technique ouvre en effet la possibilité d'individualiser la relation entre le votant et son vote et, par conséquent, de revenir éventuellement sur un choix initialement exprimé. Aucun débat n'a eu lieu en France sur cette question mais une chose est certaine : en raison de la différence technique entre un vote par bulletin et un vote électronique, rien n'impose de devoir calquer par principe les règles du vote à distance sur celles du vote traditionnel. C'est d'ailleurs la solution retenue en Estonie : pour les élections municipales, où le vote électronique à distance est autorisé, l'électeur a la possibilité de modifier, autant qu'il le souhaite, son vote initial[13].

---

[12] Décret n° 2006-285 du 13 mars 2006 relatif au vote par correspondance électronique du citoyen inscrit sur les listes électorales consulaires des circonscriptions électorales d'Europe et d'Asie et Levant pour les élections de 2006 à l'Assemblée des Français de l'étranger.
[13] Voir Jean-Eric GICQUEL, « Le vote par Internet : une modalité électorale à aborder avec circonspection », *JCP A* 2006, 1179, note 12.

En France, ce procédé a connu un développement extrêmement limité (du moins pour les scrutins politiques[14]) car il se heurte à une règle du code électoral : celle qui interdit le vote par correspondance[15]. Le législateur n'a accepté de déroger à cette règle que pour les élections de l'AFE : l'Assemblée des Français de l'étranger – organe qui assure la représentation des ressortissants français résidant à l'étranger[16].

Une première expérimentation a eu lieu lors des élections de 2003 pour les seules circonscriptions de Washington et de Chicago. Le vote par Internet a été privilégié, à hauteur de 60 % par les rares[17] électeurs[18]. L'expérience a été étendue en 2006 à l'ensemble des circonscriptions électorales de la zone Europe-Asie-Levant, mais le taux de votant par Internet a été nettement plus faible qu'en 2003 : moins de 15 %[19].

---

[14] Il connaît en revanche des applications importantes pour les autres scrutins. Voir Géraldine GOFFAUX-CALLEBAUT, « Les bonnes pratiques du vote électronique », *Comm. com. électr.* 2006, étude 24.

[15] Loi n° 75-1329 du 31 décembre 1975 modifiant certaines dispositions du code électoral.

[16] La loi n° 2003-277 du 28 mars 2003 a autorisé le vote électronique des Français établis hors de France pour les élections de l'Assemblée des Français de l'étranger. Et ce pour deux raisons. D'une part, le corps électoral est restreint pour ces élections. Par conséquent, si des dysfonctionnements surviennent, l'incidence est limitée. D'autre part, la participation à ces élections est généralement faible, en raison de l'éloignement des électeurs de leur lieu de vote : le consulat ou l'ambassade, qui peut se trouver à plusieurs centaines de kilomètres de leur domicile.

[17] Le taux de participation se situait à 14,5 %.

[18] Les 40 % restants se répartissent entre le vote par correspondance papier (35 %) et le vote sur place (5 %). Voir Régis JAMIN, « Le vote à l'Assemblée des Français de l'étranger », colloque organisé par l'Association des maires des grandes villes de France, Paris, 6 avril 2006.

[19] Réponse ministérielle n° 103 850, *JO AN Q* 12 décembre 2006, p. 13022.

Le vote électronique à distance demeure également très peu pratiqué **à l'étranger**. Deux pays seulement sont engagés dans une démarche de mise en œuvre de ce procédé : la Suisse et l'Estonie[20].

S'agissant de la Suisse, le développement du vote électronique à distance s'explique par deux facteurs. D'une part, les électeurs suisses sont habitués depuis longtemps au vote par correspondance. Ils ont la possibilité de voter de chez eux, en expédiant leur bulletin papier dans une enveloppe spéciale. D'autre part, les citoyens sont appelés à se déplacer aux urnes entre quatre et six fois par an. Aussi le vote électronique à distance représente-t-il un outil commode et économe en temps pour participer à une élection. Précisons que la possibilité d'utiliser le vote électronique à distance est limitée aux trois cantons qui ont obtenu l'agrément fédéral : Genève, Neuchâtel et Zürich[21]. Ce procédé peut être utilisé aussi bien pour les référendums que pour la désignation des représentants. On observe que les électeurs utilisent assez peu cette faculté (30 % au maximum) et continuent de privilégier le vote classique par correspondance[22].

Pour sa part, l'Estonie a pleinement opté pour le vote électronique à distance (qui s'effectue par SMS). Les électeurs peuvent recourir à ce procédé aussi bien pour les élections locales que nationales. Lors des élections municipales de 2005, toutefois, seul 1 % des électeurs a choisi cette modalité de vote[23]. Le chiffre, néanmoins, progresse puisqu'ils étaient 3 % en 2007.

On ajoutera que la Corée du Sud s'est fixée pour objectif de proposer le vote généralisé par Internet d'ici 2012 pour les élections majeures[24].

---

[20] CNIL, rapport « Le vote par Internet aux élections politiques, les éléments du débat », mai 2006, http://www.cnil.fr/fileadmin/documents/approfondir/dossier/e-administration/Note_vote_internet_VD.pdf.

[21] Pour l'instant, seule une fraction du corps électoral de ces trois cantons est autorisée à recourir au vote électronique à distance.

[22] Voir « Le vote électronique », étude de législation comparée préc., p. 34. Voir également Michel WARYNSKI, « Le vote par Internet à Genève », colloque organisé par l'Association des maires des grandes villes de France, Paris, 6 avril 2006.

[23] CNIL, rapport préc., p. 2.

[24] CNIL, rapport préc., p. 3.

Vote à distance, machine à voter : deux modalités de vote électronique existent aujourd'hui. Quelles sont leurs potentialités ?

II. Potentialités

Qu'apporte le vote électronique ? Quelle est sa valeur ajoutée par rapport à un vote classique ? Que change-t-il concrètement ?

Le vote sur une machine à voter change au final assez peu de chose. Il représente seulement un *nouveau procédé de vote*. En revanche, le vote électronique à distance modifie considérablement les perspectives en ouvrant la voie à *une nouvelle démocratie*.

A. Une nouvelle modalité de vote

La machine à voter offre simplement une nouvelle modalité de vote. L'électeur continue de se rendre dans un bureau de vote mais au lieu de déposer un bulletin dans une urne, il vote sur une machine. Seule la modalité matérielle est transformée. Il s'agit seulement d'une nouvelle interface de vote. Ni plus, ni moins.

Quels avantages, alors, a-t-on à recourir à ce procédé ? Selon ses partisans, le vote au moyen de machine à voter est économique, écologique, rapide et civique[25].

Il serait tout d'abord *économique*, en ce qu'il nécessite moins de personnels pour les opérations matérielles d'organisation du scrutin, en particulier l'acheminement et le comptage des enveloppes et des bulletins. Avec l'économie réalisée, le coût d'acquisition d'une

---

[25] Il a également été avancé par le Conseil constitutionnel que les machines à voter permettraient un accès plus aisé des personnes handicapées aux opérations de vote (CC, « Communiqué du 29 mars 2007 sur les machines à voter » : http://www.conseil-constitutionnel.fr/conseil-constitutionnel/francais/documentation-publications/communiques-de-presse/2007/communique-du-29-mars-2007-sur-les-machines-a-voter.17548.html). Toutefois, on ne voit pas en quoi le vote sur un écran faciliterait l'exercice du vote par ces personnes. Au demeurant, le contentieux apporte un démenti à cette opinion puisque le problème lié à l'impossibilité de voter de façon autonome demeure inchangé avec ces machines (voir CC, déc. n° 2007-3449 du 26 juillet 2007, AN Seine-Saint-Denis, 10ème circ., cons. 4, concernant le vote d'un électeur déficient visuel).

machine à voter (entre 2 000 et 4 000 euros pièce[26]) serait amorti en quelques élections. C'est ce que soutiennent les fabricants de ces machines, mais la réalité semble différente. Ainsi, en Belgique, le coût d'une machine à voter est estimé par le ministère de l'Intérieur à 4 euros 50 par scrutin et par électeur, au lieu de 1 euro cinquante pour le vote par les moyens traditionnels[27]. De manière significative, l'Allemagne a renoncé à la généralisation du vote par machine à cause notamment du coût de l'opération[28].

Le deuxième avantage du vote par machine à voter serait de nature *écologique* dans la mesure où il n'y a plus ni enveloppe, ni bulletin papier. L'argument, là encore, ne convainc pas. En effet, les bulletins papiers ne représentent qu'une faible part du papier consommé pour une élection, la plus grosse part correspondant à la propagande électorale, c'est-à-dire aux professions de foi des candidats. En outre, le coût écologique de fabrication et de recyclage d'une machine à voter est incomparablement plus lourd que celui de la fabrication et du recyclage des bulletins papiers[29].

Un troisième avantage est mis en avant par les partisans de la machine à voter. Son utilisation permettrait un *gain de temps* pour les électeurs. Cet argument, toutefois, concerne uniquement le moment du dépouillement, qui intervient en un instant dès la clôture du scrutin. En revanche, l'accomplissement même de l'acte de votation nécessite *plus de temps* que dans le cadre traditionnel. Physiquement, la votation classique s'effectue dans deux endroits distincts : d'abord dans l'isoloir, où l'individu choisit son bulletin et l'insère dans l'enveloppe, ensuite devant l'urne, où l'électeur introduit son enveloppe. Le code électoral (article L. 62) exige la présence d'un isoloir par tranche de 300 électeurs. En revanche, le vote sur une machine à voter s'effectue en un seul endroit car il ne peut exister qu'*une seule* urne – électronique – par bureau de vote, donc, en

---

[26] Voir Jean-Eric GICQUEL, « Les machines à voter : chronique d'un débat heurté », *JCP A* 2007, 2201, § 20.

[27] « Le vote électronique », étude de législation comparée préc., p. 16.

[28] « Le vote électronique », étude de législation comparée préc., p. 7.

[29] Et ce d'autant plus que, depuis 2007, l'Etat ne rembourse l'impression des bulletins que si ceux-ci sont imprimés sur du papier recyclé ou éco-certifié (Décret n° 2007-76 du 23 janvier 2006 relatif à l'utilisation de papier de qualité écologique pour les documents électoraux).

pratique, une seule machine et *un seul isoloir* par bureau de vote, même s'il y a plus de 300 électeurs[30]. Les délais de votation sont, par la force des choses, plus longs[31], et les files d'attentes plus importantes[32].

Quatrième avantage supposé : il y aurait moins d'abstention en cas de vote sur une machine à voter. Cet argument, toutefois, est totalement infondé. L'électeur ne va pas se déplacer plus facilement au bureau de vote au seul motif qu'il vote sur une machine à voter. Au contraire, les longues files d'attentes générées par l'utilisation de ce procédé ont pu dissuader les électeurs.

On le voit, les avantages supposés du vote par machine à voter ne sont pas au rendez-vous. Tous ces avantages, en réalité, ne sont effectifs que pour la *seconde modalité* de vote électronique, à savoir le vote à distance par Internet. En effet, ce vote nécessite peu de frais (peu de personnel, pas de locaux à aménager, pas de matériel à déplacer) ; il est donc économique. Ensuite, il n'y a pas de machine à construire ou à recycler spécialement, on utilise un ordinateur ordinaire pour voter ; ce procédé est donc écologique. Enfin, le vote ne requiert pas un déplacement au bureau de vote : l'électeur vote quand il en a le temps et au moment où il le souhaite, sans aucune file d'attente. Il s'ensuit pour lui un gain de temps et, par conséquent, une participation favorisée. Les avantages du vote électronique à distance sont donc réels. Mais le véritable changement apporté par ce procédé se situe sur un plan politique et est d'une toute autre ampleur : le vote électronique à distance rend possible, ni plus ni moins, l'avènement d'une nouvelle démocratie.

---

[30] Voir CC, déc. n° 2007-3872 du 4 octobre 2007, AN, Marne, 3ème circ.

[31] Pour remédier à cette difficulté, le Conseil constitutionnel préconise, soit de « créer plus de bureaux de vote (un pour 300 inscrits) en conservant une machine à voter par bureau (…) », soit de « mettre en réseau une grappe de machines connectées entre elles au sein du même bureau de vote » (CC, « Bilan du second tour », www.conseil-constitutionnel.fr/dossier/presidentielles/2007/documents/tour2/bilan.htm.). La mise en œuvre de ces solutions est toutefois irréalisable financièrement en raison du coût d'acquisition des machines à voter.

[32] Et ce aussi bien en France (voir Gilles TOULEMONDE, « Le vote électronique, d'imprécisions en incertitudes », *JCP A* 2009, 2137, § 8) qu'à l'étranger (voir, pour le cas belge, « Le vote électronique », étude de législation comparée préc., p. 16.).

B. Une nouvelle démocratie

En effet, le vote électronique à distance ne constitue pas un simple aménagement du vote mais ouvre un nouvel horizon, qui est celui de la démocratie participative, le gouvernement *par le peuple*, conformément à l'étymologie du mot[33].

Sous la Grèce Antique, les citoyens se réunissaient dans l'Agora pour décider des affaires de la Cité et voter les lois. La taille réduite des Cités permettait à tous les hommes libres de participer à la détermination des conditions de vie commune. Les évolutions des Etats et des sociétés ont rendu cette participation de tous matériellement impossible. Le corps électoral est trop important pour qu'il soit possible de le réunir dans une assemblée ou dans un seul et unique endroit. Les citoyens sont contraints d'abandonner à un nombre limité de représentants le pouvoir de décider en leur place des règles de la vie commune.

C'est sur ce point que la possibilité de voter à distance ouvre de nouvelles perspectives pour la démocratie directe. Dans une logique minimaliste, elle rend techniquement possible la multiplication des référendums ou des consultations, aussi bien pour les questions d'intérêt local que pour celles de dimensions nationales. Grâce à ce procédé, le pouvoir central comme les collectivités territoriales auront la possibilité de connaître l'opinion des citoyens avant de prendre une décision, ou de re-transférer à ces derniers un pouvoir de décision dont ils sont la source. Inversement, les citoyens auront la possibilité de signer, par voie électronique, les demandes de référendums ou d'initiative populaire[34]. Sous cet angle, le vote électronique à distance est conçu comme un correctif participatif à une démocratie représentative. Dans une logique maximaliste, le vote électronique à distance pourrait ouvrir la voie à la mise en place d'un Parlement électronique composé de l'ensemble du corps électoral. En pratique, il est difficilement concevable que le Parlement représentatif soit totalement remplacé par le Parlement électronique dans sa fonction législative et de contrôle, ne serait-ce qu'en raison de la complexité

---

[33] *Demos*, le peuple, et *kratos*, le pouvoir.

[34] Voir en ce sens les préconisations du gouvernement fédéral suisse dans le rapport présenté au Parlement fédéral sur le vote électronique (« Le vote électronique », étude de législation comparée préc., p. 35).

des textes et du temps que nécessite l'exercice de ces fonctions. En revanche, on pourrait envisager de remplacer la deuxième chambre par une assemblée électronique représentant l'ensemble des citoyens ; ou encore de créer une troisième chambre qui se verrait reconnaître un rôle consultatif et délibératif.

Ce projet est utopique mais, comme le disait Victor Hugo, les utopies d'aujourd'hui sont les réalités de demain. Toutefois, il faudrait prendre garde que ce rêve politique ne dégénère pas en cauchemar juridique en raison des dangers que présente le vote électronique.

III. Dangers

En effet, le recours au vote électronique fait planer des menaces, qui sont réelles, sur les grands principes du droit électoral : la sincérité du vote et le secret du vote.

A. Dangers sur la sincérité du vote

Dangers, d'abord, sur la sincérité du vote, c'est-à-dire l'exigence selon laquelle les résultats du scrutin doivent refléter fidèlement les choix de l'électorat.

Ce danger résulte de trois considérations :

1) la machine, l'ordinateur, *peut* se tromper ou être manipulé ;

2) on ne peut pas *vérifier* si l'ordinateur s'est trompé ou a été manipulé ;

3) par extension, on ne peut pas *prouver*, devant un juge, que l'ordinateur s'est trompé ou a été manipulé.

Reprenons ces trois éléments.

Premièrement, et ce point est déterminant, le risque d'erreurs ou de fraudes *ne peut être techniquement exclu.*

Certes, des mesures sont prises *a priori* pour sécuriser le processus. S'agissant des machines à voter, des normes sont posées, un organisme de certification doit attester de leur respect et un agrément ministériel doit être délivré[35]. De même, des mesures sont

---

[35] Pour recevoir cet agrément, la machine doit être conforme à un règlement technique approuvé par arrêté du ministre de l'Intérieur (arrêté du 17 novembre 2003), qui exige le respect de 114 éléments.

prises pour le vote électronique à distance : en particulier, afin d'éviter l'usurpation de l'identité du votant, les identifiants et codes adressés à l'électeur changent à chaque scrutin. Il est recommandé qu'identifiants et mots de passe fassent l'objet d'un envoi fractionné, les premiers étant expédiés par courrier postal, les seconds par e-mail.

Cela étant, malgré les précautions prises, la fiabilité du processus ne peut être assurée. D'une part, la technique n'est pas infaillible et des erreurs peuvent survenir. Ce fut le cas, en 2003, en Belgique, à l'occasion des élections législatives : à Schaerbeek, un candidat a recueilli plus de voix qu'il n'y avait de suffrages exprimés. L'enquête n'a pas permis d'expliquer la cause de cette erreur. Comme le relève Gilles Toulemonde, il s'agissait d'une erreur tellement aléatoire « qu'elle n'a pu être reproduite »[36] – ce qui n'est pas de nature à rassurer. De même, en Floride, les élections présidentielles de 2004 ont été marquées par des inversions de choix des candidats, de façon occasionnelle et aléatoire (la machine indiquait un vote en faveur de Bush alors que l'électeur avait voté Kerry, et inversement)[37]. D'autre part, le vote électronique, sur une machine à voter ou par Internet, recèle le risque de fraudes, éventuellement à une grande échelle et de manière indétectable. S'agissant des machines à voter, des expériences néerlandaises et américaines ont montré qu'un programme informatique pouvait être introduit sans être détecté et provoquer des changements dans l'expression du suffrage[38]. Il en va de même pour le vote par Internet. Un rapport américain est catégorique sur ce point : la sécurité d'une votation par Internet ne peut être assurée en raison de la vulnérabilité des systèmes d'exploitation[39]. Un programme informatique de type cheval de Troie peut notamment

---

[36] Gilles TOULEMONDE, « Le vote électronique, d'imprécisions en incertitudes », *JCP A* 2009, 2137, § 11.

[37] Voir Jean-Eric GICQUEL, « Le vote électronique en France », *LPA* 6 avril 2005, n° 68, p. 8.

[38] Voir Jean-Eric GICQUEL, « Les machines à voter : chronique d'un débat heurté », *JCP A* 2007, 2201, note 23.

[39] Rapport JEFFERSON, RUBIN, SIMONS et WAGNER, 2004, cité par Jean-Eric GICQUEL, « Le vote par Internet : une modalité électorale à aborder avec circonspection », *JCP A* 2006, 1179, note 27. De manière générale, estime l'auteur, « Les failles du vote par Internet restent béantes » (§ 17).

être installé sur un ordinateur personnel, à l'insu de son utilisateur, et modifier le sens de son vote.

Erreurs et manipulations sont donc possibles mais, deuxièmement, on ne peut pas le savoir (sauf si l'erreur est flagrante, du type plus de voix que de suffrages exprimés) ni le vérifier.

En effet, le vote électronique est ainsi fait qu'il ne permet de contrôler, ni son déroulement, ni les résultats annoncés.

Dans un vote classique, la procédure est *transparente* et les résultats sont *vérifiables*. Les citoyens ont la possibilité de contrôler le processus électoral : les urnes sont transparentes, les scrutateurs surveillent les opérations, un nouveau décompte des bulletins est possible en cas de contestation[40].

En revanche, le vote électronique est, pour reprendre le titre d'un article de Mme Chantal Enguehard, maître de conférences en informatique à l'Université de Nantes, « opaque et invérifiable »[41]. *Opaque*, car, en l'absence de transparence du processus, l'électeur ne peut jamais être sûr que le choix qu'il a émis est réellement pris en compte[42]. *Invérifiable* car le recomptage des voix est impossible (sauf avec le procédé du *ticketing*, mais en ce cas l'utilisation de la machine ne sert à rien puisqu'il est nécessaire recompter manuellement les bulletins).

Il s'ensuit, troisièmement, qu'un contrôle juridictionnel ne permet pas de sanctionner l'insincérité d'un scrutin.

A ce jour, le Conseil constitutionnel n'a relevé aucune atteinte à la sincérité du scrutin résultant de l'utilisation du vote électronique. Il

---

[40] Le code électoral (articles L. 66 et R. 67 à 69) impose un nouveau décompte des voix au sein de chaque bureau de vote en cas de contestation lors du premier dépouillement.

[41] Chantal ENGUEHART, « Le vote électronique en France : opaque & invérifiable », *Legalis.net*, déc. 2006, n° 4, pp. 83-95.

[42] Et ce même avec le procédé du « ticketing ». L'électeur vote sur une machine à voter mais son choix est imprimé sur un ticket, derrière une vitre et, après validation, tombe dans une urne scellée au sein de la machine. Ce procédé est préconisé dans le Code de bonne conduite établi en 2002 par la Commission de Venise. Cela étant, rien ne garantit l'efficacité du procédé car techniquement, un programme peut parfaitement mémoriser un résultat et en imprimer un autre.

est vrai que les irrégularités sont, on l'a dit, extrêmement difficiles, sinon impossibles à établir et que, d'autre part, le Conseil, conformément à sa jurisprudence classique, ne censure une irrégularité que si celle-ci est de nature à avoir eu une incidence notable compte tenu de l'écart de voix existant entre les candidats[43]. Le Conseil n'a jamais rien trouvé à redire, dans son principe, du vote électronique[44].

---

[43] Voir CC, déc. n° 2007-3449 du 26 juillet 2007, AN, Seine-Saint-Denis, 10ème circ., cons. 2 : « à les supposer établies, les déficiences qui auraient affecté les machines à voter dans trois bureaux de vote, lors du premier tour de scrutin, n'auraient pas été de nature à altérer la sincérité du scrutin, eu égard à l'écart des voix séparant les candidats admis et non admis à se présenter au second tour ». Voir également CC, déc. n° 2007-3606 du 12 juillet 2007, AN, Val de Marne, 5ème circ., cons. 5 : « à les supposer établies, les irrégularités ou déficiences qui auraient affecté la machine à voter du bureau de vote n° 1 de la commune de Bry-sur-Marne n'auraient pas été de nature à altérer la sincérité du scrutin, eu égard à l'écart des voix séparant les candidats ». Cette jurisprudence avait déjà été appliquée en 1988. Voir CC, déc. n° 88-1115 du 25 novembre 1988, AN, Haute-Corse, 1ère circ. : le Conseil constate que « dans le 6e bureau de vote de la commune de Bastia, la personne chargée de la machine à voter a procédé au réarmement systématique de cet appareil alors que l'électeur qui venait de voter se trouvait encore dans la cabine servant d'isoloir ; qu'il résulte toutefois de l'instruction que cette irrégularité n'a concerné qu'une dizaine de cas ; que, compte tenu de l'ampleur de l'écart des voix séparant les candidats, elle n'a pu exercer d'influence sur l'issue du scrutin ».

[44] Le juge administratif n'a pas davantage remis en cause l'emploi de ce procédé. Le problème a été soumis au Conseil d'Etat mais celui-ci n'a pu se prononcer sur le fond, en raison de la base législative sur laquelle repose son utilisation (CE, 13 févr. 2009, *Association pour le contrôle citoyen des moyens de vote*, n° 306563). À l'occasion d'un recours pour excès de pouvoir dirigé contre un arrêté du ministre de l'Intérieur portant agrément d'une nouvelle machine à voter, les requérants ont soutenu que « l'emploi d'une machine à voter rend impossibles les contrôles des opérations de vote qui sont prévus (…) afin de garantir le respect d'un principe de transparence des élections ». Mais le moyen n'a pas été examiné par le Conseil d'Etat. La juridiction administrative suprême affirme « qu'un tel moyen, qui vise à mettre en cause le principe même de l'emploi des machines à voter prévu par les dispositions de l'article L. 57-1 du Code électoral (…) est en tout état de cause inopérant à l'encontre de l'arrêté attaqué ». En effet, contrôler la constitutionnalité de l'acte administratif reviendrait à contester la constitutionnalité de la loi qui lui

Pour sa part, en revanche, le Tribunal constitutionnel fédéral d'Allemagne a été heurté par le caractère opaque et invérifiable du vote électronique, sinon dans son principe, du moins en raison de la faiblesse des modalités du contrôle au regard des risques observés. Dans une décision du 3 mars 2009, il a déclaré l'utilisation des machines à voter inconstitutionnelle pour les élections au Bundestag au motif qu'elles ne permettent pas aux électeurs et aux scrutateurs de vérifier le bon déroulement du scrutin ni le dépouillement des votes[45]. Cette décision n'aborde pas, en revanche, la deuxième menace que fait peser le vote électronique sur la démocratie, à savoir les dangers sur le secret du vote.

B. le secret du vote

En France, le secret du vote est érigé en principe par l'article 59 du code électoral. Là encore, des précautions sont prises mais elles ne peuvent garantir que le secret du vote sera respecté.

En ce qui concerne le vote sur les machines à voter, le secret du vote pourrait *a priori* sembler assuré puisque celui-ci s'exerce dans un isoloir, à l'abri des regards indiscrets. Mais la technologie révèle ici

---

sert de fondement, ce que le juge administratif se refuse de manière constante (CE, 6 novembre 1936, *ARRIGHI, LEBON* p. 966).

[45] Voir 2 BVC 3/07 et 2 BVC 4/07, *RFDA* 2009, p. 580, note Thierry RAMBAUD. La Cour, constatant qu'aucune fraude n'a été prouvée, n'annule pas les élections et ne dissout donc pas le Bundestag. Elle constate néanmoins que le fait qu'il n'y ait pas de possibilité de contrôler les logiciels des appareils de vote électronique, hormis pour la société productrice, laquelle peut faire l'objet d'un piratage interne ou externe, enfreint les principes du caractère public des élections et l'organisation par les pouvoirs publics des élections (§ 91 de la décision). La Cour estime que, pris en tant que tel, le principe du vote électronique autorisé par le paragraphe 35 de la loi électorale n'est pas en soi inconstitutionnel, mais que les dispositifs réglementaires mettant en oeuvre ce principe, notamment du fait de l'absence de possibilité de contrôle du matériel informatique et des logiciels par les électeurs, sont insuffisants pour garantir l'absence de fraude aux élections (§ 143). La Cour relève par ailleurs que le fait que les électeurs présents dans le bureau de vote ne puissent s'assurer de visu que les votes ne sont pas falsifiés, notamment, par le logiciel est contraire à la Loi fondamentale allemande (§§ 155-156).

aussi ses limites puisque l'activité d'une machine à voter peut être détectée à distance. Aux Pays-Bas, un rapport du service de contre-espionnage remis au gouvernement a révélé que certaines machines à voter (de la marque SDU) émettaient des signaux grâce auxquels il était possible de reconnaître le vote exprimé, et ce jusqu'à une distance de 40 mètres[46].

La menace la plus importante de violation du secret porte cependant sur le vote électronique à distance.

Le premier risque concerne le *secret* du vote proprement dit. Une personne vote de chez elle, dans le secret de son domicile. Comment garantir la confidentialité de son suffrage ? Plusieurs précautions sont prises : la transmission du vote est cryptée ; l'urne électronique est également cryptée[47] ; enfin, le fichier des émargements et le fichier des suffrages sont dissociés afin d'empêcher « l'établissement d'un lien entre le nom de l'électeur et l'expression de son vote »[48]. La CNIL, toutefois, n'a pas été en mesure d'assurer que cette dissociation avait bien été réalisée pour l'élection à l'AFE, seule élection pour laquelle ce procédé est aujourd'hui autorisé[49]. On imagine les risques de détournement possible si, faute de précautions suffisantes, un prestataire ou l'Etat lui-même pouvait avoir connaissance du vote de chacun des électeurs. On ajoutera en outre que l'activité d'un ordinateur peut facilement être surveillée à distance au moyen d'un logiciel espion installé à l'insu des intéressés.

Le second risque lié au secret du vote concerne la *liberté* du vote. Cette fois, l'électeur ne vote plus dans l'intimité, à l'abri du regard des autres mais au vu et su d'autres personnes : ses collègues, sa famille, son employeur…Il peut alors subir des pressions ou incitations de nature à réduire sa liberté de choix. C'est là que la faculté de modifier

---

[46] Voir « Le vote électronique », étude de législation comparée préc., p. 28. Fort logiquement, l'agrément accordé à ce modèle de machine lui a été retiré.
[47] S'agissant du cas français, le décret n° 2006-285 dispose à son article 8 que « Les données de ce fichier font l'objet d'un chiffrement et ne doivent pas comporter de lien permettant l'identification des électeurs ».
[48] CNIL, délibération n° 2003-036 du 1er juillet 2003.
[49] Voir CNIL, délibération n° 2006-042 du 23 février 2006. La CNIL affirme que « les éléments d'analyse du système de vote qui lui ont été fournis ne permettent pas de s'assurer de l'effectivité de la séparation de l'urne et du fichier des électeurs (...) ».

son vote tant que le scrutin n'est pas clos présente tout son intérêt : un premier vote peut être effectué sur le lieu de travail, conforme, par exemple, au souhait de son employeur ; une fois rentré chez lui ou sur un autre lieu, l'électeur revient sur son vote et choisit le candidat pour lequel il souhaite réellement voter.

Conclusion

En définitive, et au terme de cette étude, que penser du vote électronique ? Deux enseignements principaux sont à retenir.

Le premier est que le vote par machine à voter ne présente pas de réel intérêt. D'ailleurs, tous les pays qui avaient succombé aux charmes des machines à voter sont en train d'abandonner ce procédé[50]. Seul le vote électronique à distance est de nature à présenter de réels avantages.

---

[50] En 2003, l'Irlande a décidé de suspendre le recours au vote électronique malgré l'acquisition qui avait été faite de 7 500 machines à voter (« Le vote électronique », étude de législation comparée préc., p. 22). De même, aux Pays-Bas, le ministre de l'Intérieur a annoncé, le 29 novembre 2006, que le pays renonçait au vote électronique (« Le vote électronique », étude de législation comparée préc., p. 25). Ce mouvement de défiance vis-à-vis du vote électronique est également très fort en France. Une demande de moratoire issue du monde politique et associatif a rassemblé un nombre important de signataire. En juin 2007, une proposition de loi sénatoriale (n° 336) a même été déposée en vue d'interdire l'utilisation des machines à voter.
Face à cette défiance généralisée à l'égard du vote électronique, la position du Conseil constitutionnel apparaît singulière, voire déconcertante. Semblant ignorer les problèmes que pose ce mode de votation, le Conseil se livre à un plaidoyer en faveur du vote électronique et à une entreprise tendant à décrédibiliser les détracteurs de ce procédé. Dans un communiqué rendu au lendemain de l'élection présidentielle de 2007 – communiqué délibéré par l'ensemble des membres et qui constitue donc une prise de position de l'institution (« Observations sur l'élection présidentielle du 22 avril 2007 », délibération des 31 mai et 7 juin 2007, *JORF* 12 juin 2007, p. 10247) –, le Conseil évoque, à propos des machines à voter, et à contre-pieds des informaticiens, « la sécurité qu'elles apportent ». Il affirme ne pas comprendre les réserves qu'elles peuvent susciter et entend mettre en garde « contre la hantise irrationnelle de leur dévoiement ». Occultant totalement les problèmes d'ordre technique, le Conseil place la question sur un terrain

Deuxième enseignement : la technologie n'est pas fiable. Deux mesures sont parfois préconisées pour améliorer la sécurité du processus : d'une part rendre la procédure transparente[51], en publiant le code-source des programmes utilisés[52], ce que ne permet, en l'état, le droit de la propriété intellectuelle[53], d'autre part renforcer les expertises indépendantes[54].

Malgré ces précautions, toutefois, la voie du vote électronique restera incertaine. Selon les informaticiens, la sécurité du processus ne

---

exclusivement psychologique. Le refus du vote électronique procéderait d'une crainte du changement, l'intrusion des machines mettant fin à « une sorte de liturgie républicaine » qui associe les électeurs aux opérations électorales par le contrôle du scrutin et la participation au dépouillement.

[51] Comme cela est recommandé par le Forum des droits sur Internet (recommandation du 30 septembre 2008), qui préconise une réforme du code électoral en la matière. Le Forum se prononce sur quelques points clefs de cette réforme, et plus particulièrement sur les mesures de transparence, d'efficacité et de sécurité nécessaires pendant la phase d'agrément des machines à voter et l'élection proprement dite. Il s'agirait principalement d'ouvrir l'accès aux rapports d'expertises et aux opérations de paramétrage des machines à voter et d'étendre le champ de compétence des commissions de contrôle des opérations de vote au vote électronique ainsi que de mettre en place une procédure alternative de recomptage des votes électroniques.

[52] Voir CNIL, délibération n° 03-036 du 1er juillet 2003 : « dans le cas d'une élection organisée par la collectivité publique, le code source des logiciels utilisés (…) devrait être accessible sans restriction, afin de permettre la réalisation de toutes les expertises jugées nécessaires ».

[53] Voir CC, déc. n° 3742/3947 du 20 décembre 2007, AN, Hauts-de-Seine, 10ème circ.

[54] En commençant par effectuer celles qui sont prévues par les textes, comme pour l'élection de l'AFE. Conformément à une recommandation de la CNIL (n° 2003-036 du 1er juillet 2003 portant adoption d'une recommandation relative à la sécurité des systèmes de vote électronique), une expertise indépendante est prévue (article 7 de l'arrêté du 6 avril 2006) et son rapport final doit être transmis à un comité technique assistant le bureau de vote (article 12 du décret n° 2006-285 du 13 mars 2006). Cependant, l'expertise indépendante n'a pas été menée. Cette absence « amoindrit les garanties nécessaires permettant de s'assurer que le dispositif de vote électronique projeté respecte la sincérité, l'anonymat, la transparence, l'"auditabilité" et la sécurité du scrutin » (CNIL, délibération n° 2006-042 du 23 février 2006).

peut pas être garantie de manière absolue. Or, pour un scrutin politique, une sécurité absolue est nécessaire. Nous avons mis des siècles à construire une législation et une procédure électorale garantissant la sincérité et le secret du vote. Il ne faudrait pas détruire cet édifice sous prétexte de sacrifier aux sirènes du modernisme. Tant que la technologie n'est pas totalement transparente et sûre à 100 %, si tant est que cela soit un jour possible, le recours au vote électronique est à proscrire absolument.

INTERNET ET LES DROITS FONDAMENTAUX DU CITOYEN :
VERS UNE CYBERCITOYENNETÉ

Henri OBERDORFF,

Professeur à l'Université Pierre Mendès France de Grenoble

Ces dernières années, l'espace numérique s'est très rapidement développé. Le Web est devenu l'un des instruments essentiels de nos sociétés, comme le téléphone ou la télévision ont, à leur époque, entraîné d'autres transformations de nos sociétés. Ces innovations se propagent à une très grande vitesse. Internet et ses usages modifient de manière très significative les relations entre les individus en ouvrant de très nombreuses possibilités en terme de communication, mais aussi plus globalement de liberté individuelle, de vie privée et de rapports sociaux. La démocratie est aussi directement concernée par les usages de l'électronique. Une agora numérique voit le jour. Les citoyens en utilisant beaucoup ces outils numériques sont progressivement devenus des cybercitoyens.

D'un coté, des essais vantent les mérites des technologies de l'information et de la communication. Ils présentent, et prédisent, des mutations très positives pour nos sociétés sous la forme d'un nouvel ordre numérique[1]. Ils analysent plus directement les influences électroniques ou numériques sur les régimes politiques en constatant l'avènement d'une cyberdémocratie[2], d'une cité Internet[3], d'une « République 2.0 »[4], d'une « démocratie numérique »[5] ou d'une « République numérique »[6]. De manière prospective, par comparaison avec les analyses marxistes sur la révolte du prolétariat, une révolte du

---

[1] Laurent COHEN-TANUGI, *Le nouvel ordre numérique*, Odile Jacob, 1999.

[2] Pierre LÉVY, *Cyberdémocratie*, Odile Jacob, 2002.

[3] Paul MATHIAS, *La Cité Internet*, Presses de Sciences Po, 1997.

[4] Michel ROCARD, *Republique2.0, vers une société de la connaissance ouverte*, Rapport à Ségolène ROYAL le 5 avril 2007.

[5] Nicolas VANBREMEERSCH, *De la démocratie numérique*, Seuil, 2009.

[6] Eric BESSON, *La République numérique*, Grasset, 2008.

« pron@tariat »[7], donc une forme plus authentique de démocratie, est annoncée.

De l'autre, au contraire, des travaux mettent en garde contre les nouveaux risques que ces technologies numériques créent pour notre société en allant jusqu'à menacer notre liberté[8]. Une société de surveillance électronique remplacerait la société de liberté. Les technologies mises au service de la surveillance pourraient enfin réaliser les utopies carcérales de Jéremy Bentham et son fameux Panopticon[9]. Une « police des populations à l'ère technologique »[10] devient possible. Le numérique et l'électronique seraient au service de la mise en place d'une prison à l'échelle d'un pays « où les moindres mouvements sont contrôlés, où tous les événements sont enregistrés, où un travail ininterrompu d'écriture relie le centre à la périphérie, où le pouvoir s'exerce sans partage, selon une figure hiérarchique continue, où chaque individu est constamment repéré, examiné... »[11] Une forme de surveillance globale[12] est devenue possible.

Le caractère ambivalent de ces nouveaux outils numériques est réel. Ils permettent simultanément l'éclosion de nouvelles expressions de la liberté individuelle et l'apparition de nouveaux moyens de contrôle social. C'est à la fois leur richesse et leur risque pour nos sociétés démocratiques. Il est donc nécessaire de veiller à ce que ces nouveaux outils respectent les fondements essentiels de nos démocraties, comme les droits fondamentaux. Lors du Forum des

---

[7] Joël de ROSNAY, *La révolte du pron@tariat*, Des mass média aux médias de masse, Fayard 2006.

[8] Marie-Christine PIATTI (s/d) *Les libertés individuelles à l'épreuve des NTIC*, PUL, 2001 ; Paul MATHIAS, *Des libertés numériques, Notre liberté est-elle menacée par l'Internet ?*, PUF, 2008.

[9] Jeremy BENTHAM, *Le Panoptique*, 1790, l'ouvrage, de 56 pages, est traduit de l'anglais et imprimé par ordre de l'Assemblée législative en 1791 *Panoptique : mémoire sur un nouveau principe pour construire des maisons d'inspection, et nommément des maisons de force*, éd. Etienne DUMONT, Paris, 1791. (édition de Mille et Une Nuits, Paris, 2002).

[10] Pièces et main d'œuvre, *Terreur et possession*, l'Echappée, 2008.

[11] Michel Foucault, *Surveiller et punir, naissance de la prison*, NRF, éd. Gallimard, 1975, p. 199.

[12] Armand MATTELART, *La globalisation de la surveillance, aux origines de l'ordre sécuritaire*, La Découverte, 2007.

Nations Unies sur la Gouvernance de l'Internet, en 2008, la secrétaire générale adjointe du Conseil de l'Europe résumait bien cette recherche d'équilibre dans le développement d'Internet : « Au Conseil de l'Europe, nous nous battons pour une meilleure gouvernance de l'Internet, fondée sur les valeurs de la démocratie, des droits de l'homme et de l'Etat de droit, et capable de protéger et de promouvoir les valeurs mêmes de la liberté…. Et notre mission est véritablement celle-ci : faire en sorte que notre monde – le monde réel et le monde virtuel – soit à la fois sûr et libre. Car il ne faut pas oublier que l'Internet est souvent utilisé de manière abusive, ou dans le but de commettre les pires atrocités…. L'Internet revêt une importance cruciale pour le développement économique, social et culturel. Il représente une ressource mondiale essentielle, et devrait être protégé en tant que tel, notamment par le droit international. Le Conseil de l'Europe est prêt à jouer son rôle en contribuant aux efforts déployés pour faire de l'Internet un réseau accessible, libre, durable, solide et sûr. »[13].

Internet ouvre de très nombreux espaces de liberté pour tous les citoyens du monde. Grâce à lui, le futur promet d'être libérateur et épanouissant pour les droits de l'homme, et non plus autoritaire et étriqué, comme le prédisent parfois les romans de science fiction. De nouveaux espaces s'ouvrent pour développer l'exercice des libertés individuelles. Mais cette cybersociété a une part d'ombre beaucoup moins enthousiasmante, voire très inquiétante. Les technologies à l'oeuvre peuvent aussi être utilisées pour réduire les libertés. Le contrôle social est rendu plus facile aujourd'hui qu'hier, comme le montrent les nouvelles technologies de sécurité et de surveillance. Ce contrôle est susceptible d'être exercer par les autorités de police de toute nature afin de surveiller la vie privée et les pensées exprimées sur la toile par les utilisateurs. Il s'agit d'un contrôle public. Ce contrôle peut aussi être mis en oeuvre pour des raisons commerciales compte tenu de la multitude des informations produites et stockées par l'activité des internautes. L'exercice des libertés individuelles via Internet, notamment la vie privée, est de moins en moins secret. En

---

[13] Strasbourg, 3 décembre 2008, participation à distance à l'Ouverture du Forum des Nations Unies sur la Gouvernance de l'Internet à Hyderabad, Inde, sans présence physique européenne du fait des attentats de Bombay.

plus, les internautes ne veillent pas assez à protéger leurs propres libertés.

Face à ces nouveaux risques, il est essentiel d'affirmer des droits adaptés aux technologies de l'information, soit en développant ceux qui existent déjà, soit en en créant d'autres. La cybersociété doit être régulée. Il faut veiller à ce que ces droits fondamentaux soient aussi respectés dans un environnement technologique complexe[14]. Cela suppose une certaine maîtrise sociale des technologies qui n'est pas simple pour des raisons techniques, mais aussi parce que toute régulation apparaît comme une nouvelle contrainte dans un monde virtuel perçu ou vécu comme un monde de liberté.

Il s'agit, ni de céder à un emballement disproportionné, ni de tomber dans une inquiétude excessive face à la société numérique, mais de rester lucides, même si la régulation juridique de l'éphémère et du virtuel n'est pas très facile à mettre en œuvre. Il est vrai que la logique du droit est plus adaptée au réel qu'au virtuel. En plus, le droit national s'arrête aux frontières, pas le réseau des réseaux. La société numérique est très rapide alors que le juge est lent et la loi met du temps à s'appliquer. Il s'agit donc de fabriquer une régulation adaptée aux technologies et à leurs usages. Deux éléments essentiels paraissent devoir être examinées, d'une part les ambivalences de l'espace numérique face aux droits fondamentaux et aux libertés (I), d'autre part, la construction d'un cadre juridique adapté à l'éclosion d'une cybercitoyenneté (II).

I– Les ambivalences de l'espace numérique face aux droits fondamentaux

Les technologies de l'information et de la communication ouvrent ainsi incontestablement de nouveaux horizons pour les droits fondamentaux et les libertés. Les études prospectives valorisent beaucoup ces technologies en montrant largement, parfois naïvement, leurs effets remarquables en termes de liberté et de démocratie. La liberté d'expression est démultipliée grâce à Internet.

---

[14] Voir Henri OBERDORFF, Le droit, la démocratie et la maîtrise sociale des technologies, RDP, 1992, p. 983.

Certains droits deviennent même plus concrets et plus réels grâce aux possibilités du Web, par exemple l'accès au droit, comme avec Légifrance. Ce vieux précepte du droit, nul n'est censé ignorer la loi est presque une réalité, au moins pour l'accès rapide, sans intermédiaire. Il en est de même pour l'accès à de nombreux documents administratifs. En même temps, les effets induits par les usages de ces nouveaux outils sont souvent ambivalents. Les droits fondamentaux et les libertés individuelles se trouvent, en effet simultanément, menacés justement par ces technologies et par des utilisations abusives contraires aux droits de l'homme et aux libertés fondamentales.

A-L'espace numérique, un nouvel espace pour les droits et les libertés fondamentales

Les outils de communication numérique accroissent l'exercice de nombreuses libertés. Ils peuvent même leur donner un contenu plus réel. Tout semble possible sur le Web. Il semble intéressant de relever certaines de ces nouvelles possibilités.

La liberté de s'informer est amplifiée par les services proposés sur Internet. En effet, il est très facile et peu onéreux de se promener sur les différents sites offerts aux internautes. L'accès pour tous aux différentes sources d'information publiques ou privées augmente considérablement les capacités de s'informer. Cet accès est facilité par le développement des fameux moteurs de recherche devenus indispensables. La puissance de ces moteurs de recherches est devenue telle qu'on se demande s'il ne s'agit pas de nouveaux pouvoirs capables de répondre à toute demande d'information, comme Google[15]. Les producteurs d'information, comme la presse écrite, les agences de presse ou les médias en général ou les conservateurs de la connaissance, comme les bibliothèques ou les musées proposent de plus en plus de services. Les autoroutes de l'information constituent un phénomène réel. L'accès très rapide à une immense bibliothèque ou à un très grand musée sans avoir à se déplacer est devenu possible. Des bibliothèques numériques à l'échelle du monde ou de l'Europe se mettent en place soit à

---

[15] Daniel ICHBIAH, comment Google mangera le monde, L'Archipel, 2007.

l'initiative de grands moteurs de recherche[16], soit à celle d'Etats[17] ou d'organisations internationales.[18] Cette liberté de s'informer peut aussi se démultiplier grâce à la construction pour autrui de l'information, au travers des encyclopédies collaboratives du type de Wikipédia reposant sur l'idée d'intelligence collective ou d'intelligence collaborative.

La liberté de communication individuelle et collective est largement favorisée. Le développement du courrier électronique en est la meilleure illustration. Il s'agit de communiquer quelle que soit la distance (en France ou à l'étranger...) avec une ou plusieurs personnes à un moindre coût et à une très grande vitesse sans être limité par les contraintes du fonctionnement des services postaux, ni d'ailleurs éventuellement censuré par les services de polices des Etats, notamment non démocratiques. Cela permet aussi de transmettre en même temps, dans les mêmes conditions de temps et de rapidité toutes sortes de documents (papier, livres, photos...). Cette simple possibilité de communication est en soi une profonde mutation des rapports entre les personnes ou entre les sociétés. Cette liberté de communication permet aussi de transmettre des films, donc des images pour s'adresser au plus grand nombre sans passer nécessairement par les chaînes classiques de télévision.

Cette liberté de communiquer concerne non seulement l'acte de communiquer, mais aussi le contenu substantiel de cette communication. Les forums numériques se développent grâce aux messages échangés parfois entre des personnes qui font connaissance par l'intermédiaire des réseaux informatiques. Le terme de « forum » est très significatif. La prise de parole, via Internet, est libre. Des dialogues de toute nature sont facilités, indépendamment des distances entre les participants. Les frontières ne sont évidemment

---

[16] Bibliothèque numérique de Google, avec la numération systématique d'ouvrages anciens et la question des droits d'auteur ; La bibliothèque virtuelle et gratuite de Google, Le Monde 5 mars 2005.
[17] Jean-Noël JEANNENAY, Quand Google défie l'Europe, Plaidoyer pour un sursaut, essai, Ed. Mille et une nuits, 2005.
[18] Projet de bibliothèque numérique européenne soutenu par l'Union européenne.

plus des obstacles de communication. Cette communication collective donne lieu à des échanges qui peuvent permettre d'envisager des travaux collectifs dans le cadre de la démocratie participative. Internet a facilité l'éclosion de nouveaux types de réseaux sociaux sur le modèle de Facebook ou Myspace. Il permet de se faire des amis, de diffuser des informations sur sa vie privée, ses voyages, ses passions. C'est donc un moyen d'augmenter ses réseaux pour sa vie personnelle ou professionnelle.

Cette nouvelle liberté de communiquer se rapproche de la presse, soit au travers des blogs, soit au travers des journaux électroniques. La liberté d'expression est ainsi augmentée et valorisée. On assiste à l'apparition de citoyen journaliste ou de journalisme-citoyen. La liberté de la presse est amplifiée grâce à des expériences réussies de journalisme citoyen comme « OhMyNews », lancé en Corée du Sud en 2000, AgoraVox.fr[19]ou Mediapart[20] en France.

La liberté de création et d'expression peut conquérir de nouveaux espaces. Ces sites peuvent être constitués de textes, d'images ou de sons. L'imagination se donne libre cours dans la mesure où il est non seulement facile de créer un site Internet, mais aussi de présenter un très grand nombre de pages de documents de toute nature, grâce à l'hypertexte. Les potentialités de création et d'innovation sont immenses. Le développement accéléré des « blogs » montre aussi de nouvelles possibilités de communication et d'expression[21].

Le droit d'entreprendre est largement favorisé par ces technologies de l'information. De très nombreux opérateurs économiques fondent beaucoup d'espoir sur le traitement et le transfert d'informations. Les transactions sont simplifiées par l'automatisation des instruments de gestion des relations avec la clientèle, la dématérialisation des opérations et l'utilisation des moyens électroniques de paiement. Le commerce électronique prend une place très appréciable dans le commerce mondial. La nouvelle économie mondiale repose en grande partie sur les technologies de

---

[19] Joël de ROSNAY, p. 116.
[20] Lancé par Edwy PLENEL, ancien rédacteur en chef du Monde.
[21] Comprendre la génération blog, Le Monde 29 décembre 2006.

l'information. Le télétravail se développe et ouvre de nouvelles perspectives dans les relations salariales.

La démocratie politique est modernisée grâce aux technologies de l'information et de la communication. On peut, à juste titre, imaginer une démocratie électronique qui vienne compléter les outils traditionnels de la démocratie[22]. La démocratie repose aujourd'hui sur un système représentatif qui est le seul capable de traduire concrètement la volonté du peuple qui s'exprime par l'intermédiaire de ses représentants. Or, les outils de l'informatique permettent de développer des relations plus proches de la démocratie directe. Grâce à Internet, la démocratie participative peut compléter la démocratie représentative L'Union européenne mène des réflexions sur le développement de l'e-gouvernement dans le cadre de la société de l'information[23]. Des Etats européens ont poussé très loin le recours au e-gouvernement comme par exemple l'Estonie. La campagne présidentielle française de 2007 a montré tous les usages possibles des sites Internet et des blogs des candidats avec l'idée d'avoir recours aussi à l'intelligence collective d'ensembles de citoyens internautes.

Techniquement, il est dorénavant possible d'imaginer des consultations populaires en temps réel, comme des référendums nationaux ou locaux. Les opérations de vote peuvent aussi passer par des canaux électroniques. Le vote électronique est techniquement possible. Les partis politiques utilisent de plus en plus ces outils, soit pour des consultations rapides de leurs adhérents, soit pour organiser des campagnes de recrutement de nouveaux adhérents. Les élections professionnelles utilisent aussi le vote à distance. Evidemment, cela suppose que toutes les garanties juridiques soient prises pour éviter de nouvelles modalités de fraude électorale.

---

[22] Voir Henri OBERDORFF, La démocratie à l'heure de la société de l'information, Mélanges Jean DUBOUIS, Dalloz, 2002, p. 619 ; Henri OBERDORFF, La démocratie à l'ère du numérique, PUG, 2010.
[23] La Démocratie et la société de l'information en Europe, Les cahiers de la cellule de prospective, Commission européenne, 1999.

B- Les pièges « liberticides » de l'espace numérique

Les outils numériques peuvent aussi porter atteinte aux droits fondamentaux et aux libertés individuelles ou collectives. Ils ne se régulent pas eux-mêmes, car ils reposent sur des technologies malléables à tous les usages. La généralisation des technologies de l'information rend possible l'avènement d'une société de surveillance et de contrôle beaucoup moins séduisante qu'une société de liberté. La lutte contre le terrorisme ou la criminalité justifie souvent l'usage de toutes les technologies, mais ne doit pas aboutir à changer en réalité la nature de nos sociétés démocratiques. Pourtant, la tentation est grande de créer une surveillance généralisée[24].

La cybersociété peut se révéler un système très performant de contrôle social. Tout est alors une question de dosage dans les usages des technologies de l'information et de la communication. Les internautes laissent de plus en plus de traces électroniques, soit au moment de transactions bancaires par leurs cartes à mémoires, soit en circulant sur des réseaux informatiques, soit en se déplaçant via la vidéosurveillance. Il devient très difficile d'être discret ou secret dans l'organisation de sa vie privée à partir du moment où l'on accepte d'utiliser ces différentes techniques. Le traçage électronique est une réalité, il permet de porter très facilement atteinte à la vie privée des internautes[25].

Le droit au respect de la vie privée est ainsi souvent mis en cause. Pour un prospectiviste américain, Howard Rheingold : « dans dix ans, la vie privée telle qu'on la définit n'existera plus »[26]. Le droit au respect de la vie privée peut plus facilement qu'avant être malmené grâce à la puissance des technologies d'information et de communication (communications électroniques, informatique, vidéosurveillance, réseau Internet…).

---

[24] Le Pentagone envisage de croiser des fichiers informatiques pour prévenir des actes terroristes, Le Monde 22 novembre 2002 ; Vers une surveillance généralisée de la société américaine, Le Monde 16 mai 2003.
[25] Voir une intéressante démonstration sur le site internet de la CNIL, comment vous êtes pisté ?
[26] Le Monde 28 novembre 2006.

Les régimes autoritaires, et parfois les autres, sont tentés de surveiller les internautes y compris grâce aux nouvelles technologies, comme le montre la Chine avec sa police de l'internet et ses accords particuliers avec Google pour exclure du moteur de recherches des mots jugés à priori dangereux pour les autorités chinoises. Le fait que Google accepte ces conditions particulières est aussi un signe d'une participation, plus ou moins acceptée, à une entreprise de contrôle. « La censure numérique mise en place au niveau national. La Chine a gagné la distinction douteuse de championne du monde du filtrage des contenus Internet »[27]

Le développement des applications informatiques permet une multiplication des fichiers ou des traitements automatisés. Toute personne est dorénavant appréhendée en fonction de sa catégorie ou de sa position sociale comme : étudiant, salarié, contribuable, assuré social, malade, titulaire de compte bancaire, abonné à un journal, client de magasin, téléspectateur, utilisateur de logiciel, de matériel informatique ou de réseau informatique, syndicaliste, militant politique... Des profils de consommateurs peuvent être dressés et diversement utilisables y compris à leur insu, par exemple, grâce au développement des modestes cartes de fidélité dans les magasins ou les commerces. Les consommateurs sont de plus en plus transparents. Le salarié peut être encore mieux surveillé, y compris lorsqu'il effectue un télétravail.

Les informations sont souvent construites et stockées à l'insu des personnes concernées. Elles circulent de plus en plus facilement. Il est de plus en plus difficile d'être discret et de garantir réellement la vie privée dans une société numérique. Les risques de détournements des finalités du fichage augmentent, comme les possibilités d'atteinte à la vie privée et à l'identité des personnes. De véritables entrepôts

---

[27] Voir les travaux de l'Open Net Initiative, entité coopérative qui fédère des centres de recherche de quatre universités : le Citizen Lab (laboratoire citoyen) du centre Munk d'études internationales de l'université de Toronto ; le Centre Berkman (Internet et Société de l'Ecole de droit d'Harvard ; le Groupe de recherche sur les réseaux avancés du programme de sécurité de Cambridge ; l'Institut Internet d'Oxford, université d'Oxford. http://www.opennetinitiative.net.

d'informations électroniques se constituent. Des profils de malades ou de contribuables peuvent être dressés et favoriser l'automatisation de la prise de décision. Des analyses comportementales sont aisément réalisables et utilisables, notamment dans le système bancaire. Cette pratique est elle-même susceptible de porter atteinte aux droits de la personne. Là comme ailleurs, tout est question de finalité du traitement automatisé.

Le recours à la vidéosurveillance est en soi bénéfique et protecteur des individus et de leurs biens. Eviter le vol, les atteintes à l'intégrité physique dans les lieux privés ou publics grâce aux caméras de vidéosurveillance est une démarche utile et compréhensible. Mais en même temps, la liberté de circuler sans être surveillé ou enregistré est de plus en plus réduite, éventuellement vidée de son contenu. La surveillance des entrées des immeubles ou des maisons constitue aussi une atteinte à la vie privée et à ses secrets. La connexion de ces vidéosurveillances via le réseau Internet multiplie les risques d'atteinte aux libertés.

Le téléphone portable est ainsi à la fois un extraordinaire outil de communication, donc de lien social, et en même temps, un outil remarquable de repérage d'un individu dans tous ses déplacements. La police s'est vite adaptée à cet outil de télécommunication. Mais la criminalité s'adapte, elle aussi, à ces techniques avec des intentions beaucoup moins louables.

Par ailleurs, la cybersociété facilite la cyberdélinquance et ses atteintes aux droits de l'homme. Les technologies de l'information et de la communication s'appliquent à une société qui n'a pas fondamentalement changé, ni dans ses mœurs, ni dans son fonctionnement général. Elles sont donc plaquées sur une réalité sociale classique. Elles facilitent tous les types des comportements quasi-délictueux, délictueux ou criminels comme: les sites pornographiques, surtout pédophiles; le commerce électronique de faux médicaments, de drogues illicites ou d'armes de toute nature; les sites révisionnistes, racistes ou d'incitation expresse à la violence[28].

---

[28] Quand les racistes infiltrent Internet, la toile de l'Araignée noire, Le Nouvel Observateur, 17 juillet 2003.

Les atteintes à la dignité humaine peuvent même être facilitées, par exemple, dans le domaine des trafics d'organes des pays pauvres vers les pays riches. Du fait des technologies de l'information, les contradictions entre les droits de la personnalité et le droit à l'information du public peuvent être largement accentuées.

II – Un cadre juridique adapté à l'éclosion d'une cybercitoyenneté

Les nouvelles technologies de l'information et de la communication ont donc des effets ambivalents pour les droits fondamentaux et les libertés. Il s'agit de créer un environnement juridique adéquat en permettant les usages positifs pour les citoyens et en contrôlant les usages négatifs ou dangereux pour la démocratie et les libertés. On doit ainsi opérer une maîtrise sociale de ces technologies. Cette maîtrise passe par un droit adapté préparant l'éclosion d'un cybercitoyenneté. Cet objectif est ancien. Il a justifié la mise en place de législations spécifiques, notamment sur l'informatique, les communications électroniques ou la vidéosurveillance. De nouvelles lois sont adoptées, des anciennes adaptées, pour renforcer la régulation sans freiner l'expansion de l'espace numérique.

A - Une régulation juridique adaptée à l'espace numérique

Ces nouvelles technologies ont suscité, soit l'adaptation des législations existantes, soit de nouvelles législations et réglementations. Les différentes facettes du multimédia créées par l'espace numérique sont couvertes par une législation. Il existe en effet des législations sur l'informatique, les fichiers et les libertés (loi de 1978 modifiée en 2004), les communications électroniques (lois de 1990, 1996 et 2004) et la communication audiovisuelle (loi de 1989 modifiée en 2004). Des autorités de régulation sont en place et précisent les règles de fonctionnement de la société numérique comme la Commission nationale de l'informatique et des libertés (CNIL), le Conseil supérieur de l'audiovisuel (CSA) ou l'Autorité des régulations des communications électroniques et des postes (ARCEP).

Le souci global de ces législations est d'introduire des règles qui régulent bien l'activité, sans la bloquer ou l'interdire. Il y a néanmoins un certain décalage entre le temps technique et le temps juridique. Il paraît plus judicieux d'avoir surtout recours à des règles générales plus qu'à des règles détaillées pour éviter que la législation et la réglementation soient trop vite obsolètes. Il s'agit donc bien de réguler les potentialités de la société numérique sans réduire les espaces de liberté qu'elle engendre.

Pour la loi du 6 janvier 1978 relative à l'informatique, aux fichiers et aux libertés, « l'informatique doit être au service de chaque citoyen. Elle ne doit porter atteinte ni à l'identité humaine, ni aux droits de l'homme, ni à la vie privée, ni aux libertés individuelles ou publiques » (art. 1er). Elle détermine les éléments essentiels de régulation effectuée par une autorité spécialisée pour y veiller, la Commission nationale de l'informatique et des libertés (CNIL). A la régulation nationale, il faut ajouter une régulation européenne avec les conventions européennes spécialisées de 1981 et de 2001 et la directive communautaire du 24 octobre 1995 relative à la protection des personnes physiques à l'égard du traitement des données à caractère personnel et à la libre circulation des données. La France a procédé à la transposition de cette dernière directive dans son droit en adaptant sur certains points la loi de 1978 aux exigences du droit communautaire au travers de la loi du 6 août 2004 relative à la protection des personnes physiques à l'égard des traitements de données à caractère personnel. Cette loi, grâce aux principes généraux qu'elle pose, a pu facilement s'adapter aux évolutions technologiques successives. Elle a successivement intégré le développement de la télématique, de la carte à mémoire et des sites Internet. Il s'agit bien d'une bonne loi. Sa conception d'origine qui a le souci de la défense des libertés individuelles hiérarchise bien les valeurs fondamentales à respecter. Elle place la question des finalités au centre du dispositif juridique. Avec le recul, on peut facilement constater son caractère exemplaire.

A partir de cette loi, la CNIL a pu construire et affiner une jurisprudence pour intégrer progressivement toutes les facettes de la société de l'information. La CNIL est garante de la finalité, de la loyauté et de la sécurité des données personnelles. Chaque année, elle montre, dans son rapport, qu'elle a adapté sa régulation aux évolutions des technologies de l'informatique à partir d'un même cadre législatif, notamment au développement des « autoroutes » de l'information, particulièrement Internet.

Si la loi de 1978 contient des principes que la CNIL a pu adapter à la société de l'information, elle ne pouvait prévoir tous ses développements et toutes ses potentialités. Les changements qu'elle induit ne sont pas seulement quantitatifs mais aussi qualitatifs. Il semble donc nécessaire de penser à d'autres régulations ou à d'autres droits face à ces technologies.

Le secret des correspondances émises par voie de communications électroniques et de télécommunications a mis plus longtemps à être protégé, car le législateur a tardé à adopter un texte spécifique sur ce sujet, il est vrai plus complexe techniquement. La pratique des écoutes téléphoniques s'est donc développée, au moins jusqu'en 1991, en grande partie hors du droit, et en matière judiciaire ne s'appuyant que sur l'article 81 du Code de procédure pénale qui régit les pouvoirs du juge d'instruction. Cette absence de règles claires a entraîné la condamnation de la France pour pratiques abusives des écoutes téléphoniques[29] et l'adoption par la suite d'une nouvelle réglementation. Ainsi, la loi du 10 juillet 1991 relative au secret des correspondances émises par la voie des télécommunications justifie le recours exceptionnel aux interceptions[30]. Elle institue une procédure pour les mettre en œuvre. Il faut distinguer les interceptions judiciaires des interceptions de sécurité. « Le secret des correspondances émises par voie de télécommunications est garanti par la loi. Il ne peut être porté atteinte à ce secret que par l'autorité publique, dans les seuls cas de nécessité d'intérêt public prévus par la loi et dans les limites fixées par celle-ci » (art. 1er de la loi). La loi de 1991 a mis en place une autorité administrative indépendante, la Commission nationale de contrôle des interceptions de sécurité afin de veiller à la bonne application de la loi par les autorités publiques. Ainsi, la loi instaure une certaine transparence dans la pratique des

---

[29] CEDH 24 avril 1990, Kruslin c/ France, GACEDH, p. 41 ; CEDH 24 avril 1990, Huvig c/ France, A. 176 B.

[30] La loi de 1991 a été modifiée par celle du 9 juillet 2004 relative aux communications électroniques et aux services de communication audiovisuelle

interceptions des correspondances émises par voie de communications électroniques ou de télécommunications. Elle moralise en quelque sorte un domaine qui avait connu quelques dérives spectaculaires, y compris au sommet de l'Etat[31].

Les technologies de l'information et de la communication nécessitent aussi un haut niveau de protection des droits individuels. Cela suppose non seulement une clarification des droits en cause, mais surtout une mise en œuvre effective de leur respect dans un domaine qui est par nature difficile à appréhender. Cette protection passe par des régulations adaptées et efficaces. La déontologie des milieux professionnels concernés, les codes de bonne conduite ou les chartes de l'Internet apportent une contribution significative à la régulation de ces nouveaux espaces électroniques ou virtuels. Ici, comme ailleurs, l'autorégulation est souvent plus efficace que la répression. Cela explique le recours au concept d'« intelligence collective », concrétisé par les Forums sur Internet, notamment en France, le Forum des droits sur Internet[32] qui est un espace d'information et de débat sur les questions de droit et de société liées à l'Internet, soutenu par l'Etat. Néanmoins, ces nouveaux outils ne peuvent totalement remplacer un droit classique, mais adapté, comme certains le suggèrent parfois.

Les autorités de régulation doivent être dotées de réels moyens pour remplir efficacement leur tâche. La CNIL doit avoir des moyens et des pouvoirs renforcés[33]. En effet, il ne suffit plus d'élaborer de grands textes juridiques. Il faut aussi s'interroger sur l'efficacité des dispositifs mis en place. La CNIL n'est pas forcément informée sur l'ensemble des activités informatiques ou des sites Internet. La loi de 1978 n'est pas encore pleinement appliquée. La rapidité de mise en œuvre de services, comme d'ailleurs de leur disparition est un défi très difficile à relever. De plus, la coordination des différentes autorités administratives indépendantes qui s'intéressent aux technologies de

---

[31] Le parquet de Paris ouvre la voie au procès des écoutes de l'Elysée, Le Monde 29 juillet 2002.

[32] Forum des droits sur internet : http://www.foruminternet.org/.

[33] Voir la demande du Président de la CNIL pour un renforcement des moyens de son institution.

l'information doit aussi être mise en œuvre. Ne faut-il pas imaginer des regroupements de ce type d'autorités ? L'amélioration des régulations de la cybersociété est toujours à rechercher.

Le droit national doit être aussi en cohérence avec le droit européen et international pour éviter un développement excessif des paradis informatiques à l'instar des paradis fiscaux. La coopération internationale doit favoriser la régulation. Il est donc très important par exemple d'avoir procédé à la transposition des directives communautaires, notamment sur l'informatique et les données personnelles ou le commerce électronique en droit interne, dans des délais raisonnables. La nécessité d'une réelle coopération internationale et européenne est évidente.

Le Conseil de l'Europe a adopté en 1981 une Convention européenne pour la protection des personnes à l'égard du traitement automatisé de données à caractère personnel entrée en vigueur en France en 1985. Il a aussi adopté en 2001 une Convention sur la cybercriminalité afin de lutter contre la criminalité dans le cyberespace pour que ce dernier se développe en respectant les valeurs communes aux européens. Cette Convention prévoit une série d'infractions, contre l'intégrité des données et des systèmes, une procédure et une coopération internationale pour lutter contre toutes les formes de cybercriminalité. Elle est maintenant complétée par un protocole additionnel relatif à l'incrimination des actes de nature raciste et xénophobe commis par le biais de systèmes informatiques de 2003.

La naïveté ou l'inconscience des utilisateurs d'Internet facilitent l'atteinte aux libertés individuelles par le biais des technologies de l'information. Un simple changement de comportement pourrait mieux garantir leurs droits. La faiblesse de l'organisation de la protection collective des consommateurs dans notre pays ne contribue pas à faciliter cette prise de conscience. Pourtant de grands procès aux Etats-Unis, contre des opérateurs en informatique, montrent la voie. Il s'agit parfois de véritables contre-pouvoirs des citoyens ou des consommateurs face à la toute puissance de ces opérateurs. Au delà des changements nécessaires de comportement, il est certainement utile d'imaginer de nouveaux droits à faire respecter face aux technologies de l'information. Pour Jean Frayssinet, il faut étudier la mise en place « d'un droit à la tranquillité du consommateur » ou « le droit à l'oubli » qui doivent pouvoir se défendre efficacement contre le harcèlement informationnel qui prend d'ailleurs des formes de plus en plus sophistiquées[34].

B- L'avènement d'une cybercitoyenneté

La cité numérique suppose donc des cybercitoyens capables d'utiliser toutes les ressources de l'Internet et de s'en saisir pour exercer leur rôle de citoyen d'un pays ou d'un espace plus large, comme le montre l'Union européenne avec la notion de citoyen européen. La question centrale est bien évidemment celle de l'accès à Internet afin d'éviter une fracture numérique entre les branchés, les internautes, et les autres. Un décalage ne doit pas se produire entre les citoyens ordinaires et les cybercitoyens. Cela suppose des interventions publiques et privées pour développer le réseau et ses accès individuels. Des conditions pour l'avènement généralisé d'une cybercitoyenneté sont indispensables à la démocratie moderne : la reconnaissance d'un droit fondamental d'accès à Internet, la transformation des droits à l'éducation et à la culture à l'ère du numérique. Ces mutations juridiques sont susceptibles de donner une pleine valeur à la cybercitoyenneté dans les démocraties à l'ère du numérique.

Pour la démocratie, la fracture numérique est aussi redoutable que la fracture sociale. La qualité de « cybercitoyen » ou « d'Homo numéricus[35] » ne peut être réservée aux seuls fanatiques des nouvelles technologies qui ne leur voient que des qualités. Si l'on veut que le numérique soit un instrument de modernisation du fonctionnement de la démocratie, il est indispensable qu'Internet soit justement accessible au plus grand nombre. L'accès à Internet doit être généralisé à l'ensemble des citoyens. Cela explique que les débats sur le droit d'accès soient justement devenus centraux, aussi bien en France qu'au sein du Parlement européen, par exemple à l'occasion

---

[34] Nouvelles technologies de l'information et de la communication et protection des libertés des consommateurs in Les libertés individuelles à l'épreuve des NTIC, PUL, 2001, p. 31.
[35] Revue Esprit, Homo numericus, mars avril 2009.

de la discussion au Parlement français du projet de loi sur les relations d'Internet et de la création. La défense légitime des droits d'auteurs face au piratage des œuvres musicales, éditoriales ou cinématographique pousse, y compris sous la pression des groupes d'intérêt, les gouvernements et les parlements à rechercher des moyens de lutte contre ces comportements qualifiés de délictueux. Mais les moyens imaginés pour cette lutte peuvent en définitive être plus dangereux que le mal s'ils aboutissent à un contrôle supplémentaire des internautes et surtout à couper, même temporairement, l'accès au réseau. Cet accès semble progressivement prendre la forme d'un nouveau droit fondamental à concilier avec d'autres plus anciens.

Il s'agit ainsi de faire disparaître la fracture numérique Il y avait en 2009[36], près d'1,6 milliard d'internautes dans le monde, soit seulement 23,8% de la population mondiale, répartis de la manière suivante, par grande région du monde : 54 millions pour l'Afrique, 5,6% de taux de pénétration, 657 millions pour l'Asie, 17,4% de taux de pénétration, 393 millions pour l'Europe, 48,9%, 251 millions pour l'Amérique du Nord, 74,4%, 173 millions pour l'Amérique latine, 29,9%. Si on observe les chiffres par pays, on peut relever les statistiques suivantes : 298 millions pour la Chine avec 22,4% de taux de pénétration, 94 millions pour le Japon avec 73,8%, 55 millions pour l'Allemagne avec 67%, 43 millions pour le Royaume-Uni avec 70,9%, 40 millions pour la France avec 65,7%, 220 millions pour les Etats-Unis avec 72,5%.

L'exclusion du réseau des réseaux est tout aussi grave que celle de la société, ces exclusions se cumulent. Cette question de la réduction de la fracture numérique a été largement abordée lors de la conférence mondiale sur la société de l'information à Tunis en 2005. La fracture numérique n'est pas seulement quantitative, elle est aussi qualitative, car il n'y a pas seulement les exclus de la connexion, il y a aussi les maladroits ou les analphabètes de l'espace numérique. La dimension qualitative est aussi importante que le nombre réel ou supposé d'internautes connectés.

---

[36]Les statistiques présentées sont extraites du site Internet World Statitics, mars 2009.

Des politiques gouvernementales successives ont été mise en place au cours des quinze dernières années pour développer les réseaux numériques dans le cadre d'abord des télécommunications et ensuite des communications électroniques.

Plus récemment, un plan de développement de l'économie numérique a été adopté pour créer une France numérique en 2012. Il explique ainsi la nécessité de généraliser l'accès à l'Internet haut débit fixe du plus grand nombre : « L'Internet haut débit constitue aujourd'hui, comme l'eau ou l'électricité, une commodité essentielle. Accéder à Internet haut débit, c'est accéder à l'information, à l'éducation, à la formation, à la culture, aux loisirs, au télétravail, au commerce à distance, aux formalités administratives en ligne. »[37]. A partir de ce constat, il est décidé d'une première action, dans ce plan gouvernemental, adopté en pleine crise économique : « Chaque Français, où qu'il habite, bénéficiera avant 2010 d'un droit d'accès Internet haut débit à un tarif abordable, de l'ordre de 35 euros par mois, équipements d'accès inclus. (…) Chaque Français pourra ainsi exercer son droit à Internet haut débit auprès des opérateurs sélectionnés ».

Un nouveau droit fondamental indispensable, dans la cybersociété ou la société de l'information, se construit ainsi progressivement d'abord de manière technique et économique, ensuite de façon juridique. Il est revendiqué par les internautes et leurs organisations, comme on peut le constater dans une Charte des droits de l'Internet[38] de la manière suivante : « Thème 1 Accès à l'Internet pour tous. 1.1 L'impact de l'accès sur le développement et la justice sociale. L'accès abordable, rapide et facile à l'Internet peut contribuer à créer des sociétés plus égalitaires. Il peut renforcer les services éducatifs et de santé, les entreprises locales, la participation citoyenne, l'accès à l'Information et la bonne gouvernance et contribuer à l'éradication de la pauvreté. Mais il ne faut pas tenir pour

---

[37] Plan France 2012, à l'initiative du secrétaire d'Etat chargé de la prospective, de l'évaluation des politiques publiques et du développement de l'économie numérique, octobre 2008, p. 9.

[38] Charte de l'association pour le progrès des communications : http://www.apc.org/.

acquis que toutes les innovations technologiques sont automatiquement bénéfiques. Les organisations de la société civile (OSC), les gouvernements et les régulateurs devraient être conscients du potentiel d'aggravation des inégalités que représente l'Internet ».

C'est aussi le souhait des institutions de l'Union européenne ou du Conseil de l'Europe. Le Parlement l'a justifié de manière exemplaire lors de sa recommandation du 26 mars 2009 : « reconnaître qu'Internet peut être une possibilité extraordinaire de renforcer la citoyenneté active et que, à cet égard, l'accès aux réseaux et aux contenus est l'un des éléments-clé; recommander que cette question continue à être développée en posant comme principe que chacun a le droit de participer à la société de l'information et que les institutions et les acteurs à tous les niveaux ont pour responsabilité générale de participer à ce développement, luttant ainsi contre les deux nouveaux défis de l'analphabétisme informatique et de l'exclusion démocratique à l'ère électronique ».

Cette question de l'accès à Internet a fait l'objet en avril et mai 2009 de discussions parallèles au Parlement français et au Parlement européen, l'une portant sur le projet de loi favorisant la diffusion et la protection de la création sur Internet[39], l'autre sur le « paquet télécom »[40]. La simultanéité des débats parlementaires sur cette question du contrôle des bons usages d'Internet et des procédures à mettre en œuvre pour les contrôler est, d'une certaine manière, exemplaire. Il s'agit, derrière ces débats peut-être un peu compliqués pour le grand public, tout simplement de trouver les bases juridiques d'un nouveau droit fondamental, le droit d'accès à Internet. Cette

---

[39] Voir Assemblée Nationale, Document mis en distribution le 20 avril 2009, n°1618 sur le projet de loi.

[40] Voir le communiqué de presse expliquant les décisions du moment sur le paquet Télécom : http://www.europarl.europa.eu/news/expert/infopress_page/058-55086-124-05-19-909-20090505IPR55085-04-05-2009-2009-true/default_fr.htm ; voir aussi les explications de ce deuxième vote sur le blog de Jean QUATREMER, le correspondant de Libération à Bruxelles : http://bruxelles.blogs.liberation.fr/coulisses/2009/05/le-parlement-europ%C3%A9en-torpille-le-projet-de-loi-hadopi.html.

bataille politique est d'une très grande importance. Il ne s'agit pas d'encourager le piratage, mais de préserver un droit d'accès qui doit se concilier, ici, avec le respect des droits d'auteur, mais lui être subordonné.

Si la loi adoptée par le Parlement donnait un pouvoir de sanction plutôt à une autorité administrative dénommée HADOPI, la censure du Conseil constitutionnel en a réduit les effets, en revenant vers une intervention plus classique du juge. Le raisonnement du Conseil s'appuie sur une forme de reconnaissance d'un droit d'accès à Internet, à partir de l'article 11 de la Déclaration des droits de l'homme et du citoyen de 1789 sur la libre communication des pensées et des opinions : « qu'en l'état des moyens de communication et eu égard au développement généralisé des services de communication au public en ligne ainsi qu'à l'importance prise par ces services pour la participation à la vie démocratique et l'expression des idées et des opinions, ce droit implique la liberté d'accès à ces services ; »[41]. La loi HADOPI 2 du 28 octobre 2009 est plus classique, donc moins contestable.

La reconnaissance d'un nouveau droit fondamental d'accès aux réseaux ne se suffit pas à elle-même. Il paraît aussi indispensable d'avancer vers la création d'un environnement favorable au développement de ce nouveau droit d'accès. Le droit à l'éducation doit être revisité pour correspondre à l'ère numérique, comme le droit à la culture. On peut dire que d'une certaine manière, on assiste à une révolution éducative et culturelle grâce à l'espace numérique Internet et les possibilités du numérique révolutionnent aussi les domaines de l'éducation et de la culture en mettant en cause les méthodes habituelles de transmission de connaissances, les droits organisés et les pratiques culturelles et éducatives. Or toute démocratie moderne suppose l'organisation de l'accès à l'éducation et à la culture.

---

[41] CC, décision n°2009-580 du 10 juin 2009 relative à la loi favorisant la diffusion et la protection de la création sur Internet, JO du 13 juin 2009 ; Nathalie HERZBERG et Patrick ROGER, Hadopi : le Conseil constitutionnel inflige un sérieux revers à M. SARKOZY, Le Monde 12 juin 2009.

A l'évidence, Internet démocratise, à sa manière, l'accès à la culture et à l'éducation. On assiste, d'une part à l'éclosion d'un nouvel « écosystème numérique » de la culture, d'autre part à un système éducatif en réelle situation de concurrence avec les possibilités du numérique. La réaction adéquate ne peut être simplement une résistance au changement, mais doit être une adaptation raisonnée à ces nouveaux paradigmes. Il s'agit d'apprendre à vivre avec ces nouveaux outils, non pas en les combattant ou en les interdisant, mais en les régulant ou les combinant avec les exigences des droits à l'éducation et à la culture qui sont indispensables à la formation des citoyens pour une démocratie de qualité. Cela suppose des évolutions, voir des révolutions, dans les domaines de l'enseignement et de la culture qui sont eux aussi touchés par la « grande conversion numérique ».[42]

« Les progrès numériques sont à la fois l'un des facteurs de déstabilisation du système éducatif et l'une des ressources pour sa possible réforme »[43]. Une nouvelle éducation devient indispensable compte tenu de l'ensemble des sources d'information et de connaissances mises à disposition de tous les internautes quels que soient les âges. D'une part, il faut apprendre à utiliser utilement ces ressources, donc apprendre à surfer sur Internet, en ayant toujours un esprit critique. D'autre part, il s'agit aussi de trouver des moyens efficaces de lutte contre l'illettrisme numérique. Ces deux approches permettent de s'assurer de l'émergence d'une véritable cybercitoyenneté.

Le système éducatif devra se transformer face à la révolution numérique, car les enfants d'abord, les étudiants ensuite, donc d'ailleurs les citoyens après, seront de plus en plus des « digital natives ». De nombreux rapports suggèrent aux autorités publiques des évolutions fondamentales. Le plan de développement de l'économie numérique pour 2012 propose : « L'introduction des nouveaux outils de production, de traitement et de diffusion de l'information dans l'enseignement répond à la nécessité de donner à chaque enfant, futur citoyen, une « éducation numérique » ainsi que

---

[42] Expression empruntée à Milad DOUEIHI.
[43] Rapport Michel ROCARD, déjà cité p. 31.

des compétences qui sont devenues aujourd'hui indispensables pour réussir son insertion professionnelle et sociale. Les TIC permettent aussi de renouveler les modalités d'enseignement et les formes d'apprentissage des élèves afin d'améliorer la performance du système éducatif. Pour réussir l'introduction des TIC dans l'enseignement et surtout développer leurs usages dans les classes, les pouvoirs publics doivent agir sur une multitude de leviers »[44].

Si l'e-éducation est en route dans de nombreux établissements primaires et secondaires[45], elle doit couvrir toute la chaîne éducative jusqu'à l'Université. Cette révolution numérique est en cours, mais elle intervient dans un monde universitaire qui traverse une véritable crise d'adaptation.

Le droit d'accès à la culture est, d'une certaine manière, facilité par Internet et le numérique. Les œuvres ne sont plus réservées à une élite savante, mais mises à disposition du plus grand nombre de manière numérique. La gratuité des mises légales à disposition en accélère l'accès à tous. Le droit d'accès à la culture, sous toutes ses formes, devient une réalité quotidienne, grâce à la numérisation. Le monde de la culture (musique, cinéma, et livre) est confronté à trois phénomènes, au même moment, comme l'identifie bien le rapport de Michel Rocard : « Le premier, la numérisation des œuvres et l'essor fulgurant des pratiques d'échange sur les réseaux P2P… ; le second, la démocratisation des capacités de création et de diffusion… ; le troisième, le phénomène de la « longue traîne », constitue peut-être le principal apport d'internet à l'économie de la culture en redonnant de la valeur au fond de catalogue et en donnant une réalité à la diversité culturelle… »[46].

---

[44] France numérique 2012, octobre 2008, site du premier ministre, p. 52.

[45] Voir pour l'e-éducation : http://www.dailymotion.com/video/x6vjwf_eeducation64-troisieme-edition_news; Collège numérique pour cours interactifs, *Le Monde*, 18 mars 2009.

[46] Michel ROCARD, République 2.0, vers une société de la connaissance ouverte, rapport remis à Ségolène ROYAL, le 5 avril 2007, p. 17.

Internet et le numérique permettent de revenir aux sources fondamentales de la démocratie. En effet, l'avènement d'une cybercitoyenneté est une richesse nouvelle pour l'espérance démocratique, aussi bien pour la forme de société que pour le régime politique. Elle permet de s'approcher un peu plus du mythe démocratique qui repose sur l'alchimie du pouvoir du peuple, donc d'une collectivité qui est supposée penser et décider par et pour elle-même. Il y a des proximités ou des convergences entre l'émergence d'une intelligence collective via Internet et l'Agora numérique pour délibérer des affaires de la Cité. Le rêve de la démocratie directe n'est peut-être plus inatteignable, comme on l'a longtemps pensé, compte tenu du nombre et de l'étendue des populations des Etats modernes.

Plus modestement, gouverner dans un environnement numérique n'est plus aussi facile que dans un cadre classique. La réactivité du peuple ou de ses composantes est une mutation fondamentale. L'immédiateté des réactions doit être prise en considération. Elle est accélérée justement du fait de l'usage des nouvelles technologies de l'information et de la communication. Internet est une nouvelle caisse de résonance pour la contestation rapide, diffuse et souvent efficace des décisions publiques. On peut néanmoins s'interroger sur le fait de savoir si Internet peut être aussi un outil de force de proposition et pas seulement de contrôle au moment où se profile, comme beaucoup le soulignent, une crise de la représentation[47] ou un hiver de la démocratie[48]. Internet semble favoriser une forme de renouveau de la démocratie.

De ce point de vue, l'apport le plus pertinent de la toile pour la démocratie semble être l'émergence, il est vrai encore balbutiante, mais réelle, d'une nouvelle forme d'intelligence collective créée et dégagée par les internautes. Une intelligence du réseau faite de liens tissés sur la toile se constitue régulièrement. Des collectifs se constituent grâce à la connectivité entre les internautes, par la capillarité des réseaux. La connexion des cybercitoyens réalise une forme d'expression collective des citoyens qui ne se considèrent plus

---

[47] Daniel BOUGNOUX, *La crise de la représentation*, La Découverte, 2006.
[48] Guy HERMET, *l'hiver de la démocratie ou le nouveau régime*, Armand Colin, 2007.

seulement comme des récepteurs passifs des décisions des gouvernants, mais comme des acteurs possibles du processus de décision. On rejoint de ce point de vue là l'approche imagée de la démocratie proposée par Dominique Turpin : « Si on veut employer une métaphore nucléaire, on dira que la démocratie ne se réalise pas par la fusion des gouvernants et des gouvernés, mais bien plutôt par la fission, l'éclatement du noyau du pouvoir, son atomisation favorisant un rapprochement gouvernants-gouvernés et donc une identification maximale des seconds aux premiers »[49] Les récentes campagnes électorales présidentielles, en France, comme aux Etats-Unis, ont montré cette recherche, non encore vraiment aboutie, d'intelligence collective.

Les cybercitoyens peuvent être des citoyens plus complets, mieux formés et informés, plus actifs, donc plus soucieux de leurs démocraties. Mais, en même temps, leur apparition pose d'autres questions, car la démocratie se doit d'être un processus en constant perfectionnement. Avec elle, il ne peut y avoir une fin de l'histoire, contrairement à certaines prédictions[50], sauf à se contenter d'une démocratie formelle ou d'apparence. De leurs cotés, le numérique et l'électronique ne peuvent résoudre, par une sorte d'utopie technicienne, les questions qui travaillent l'idéal démocratique depuis des siècles, comme la liberté, l'égalité et la légitimité. Ils doivent être régulés pour qu'ils ne mettent justement pas en cause les droits fondamentaux, mais au contraire en facilitent l'épanouissement.

---

[49] Dominique TURPIN, *Droit constitutionnel*, PUF, 2003, p. 212.
[50] Francis FUKUYAMA, *La fin de l'histoire et le dernier homme*, Flammarion, 1992.

LA LIBERTÉ D'EXPRESSION SUR INTERNET
SELON LE CONSEIL DE L'EUROPE

Patrick AUVRET
Professeur à l'Université de Nice-Sophia Antipolis

Introduction

Le droit à la liberté d'expression est garanti, dans l'ordre international, par plusieurs instruments de protection des droits de l'homme, telles la Déclaration universelle des droits de l'homme et la Convention européenne des droits de l'homme. Les articles 19 et 10 de ces deux textes ont été élaborés à un moment où dominait la communication écrite même si les moyens audiovisuels étaient en expansion. Aujourd'hui, la communication en ligne favorise une croissance sans précédent des opportunités d'information et de communication. Ce moyen de communication occupe une place de plus en plus importante dans notre société. Il véhicule presque tous les produits culturels avec plus de rapidité et d'efficacité que n'importe quel autre moyen de communication. Il influence l'ensemble de la société et sa culture en en introduisant de nouvelles formes de communication[1].

L'ensemble des institutions du Conseil de l'Europe et pas seulement la Cour européenne des droits de l'homme chargée, comme on le sait, de veiller à l'application de la convention européenne des droits de l'homme, se sont donc trouvées associées au très large débat de l'application du droit à la communication en ligne.

Internet est, sans conteste, un atout pour le développement de la démocratie. La liberté d'expression « *constitue une condition indispensable pour la démocratie et le progrès culturel et social de tout individu et de la société*

---

[1] Cf. Recommandation 1882 (2009) : La promotion de services de médias en ligne et sur Internet adaptés aux mineurs.

dans son ensemble»[2]. Pour autant, la nouvelle dimension technologique de l'information et de l'échange de données ne modifie en rien les normes établies de liberté d'expression et d'information, qui incluent les restrictions juridiques nécessaires à la protection des personnes et du bien public dans une société démocratique[3]. Le droit à la liberté d'expression n'est pas absolu. « *Les restrictions à la liberté d'expression doivent, selon le droit international, être fondées sur des bases juridiques légitimes et nécessaires. C'est le cas, par exemple, lorsqu'il s'agit de protéger les droits fondamentaux d'autrui, y compris contre la diffamation, ou de protéger la sécurité nationale et l'ordre public. Les restrictions doivent en outre être l'exception, non la règle* »[4].

Un équilibre reste à déterminer. Le Conseil de l'Europe y contribue. Après avoir pris en compte le développement de la communication en ligne (I), il participe pleinement à l'élaboration du droit dans ce domaine (II).

I - Prise en compte du phénomène

Internet est un moyen de communication qui offre l'accès à d'innombrables sources de contenu. Il ne connaît pas de frontières géographiques et fait l'objet d'un contrôle par l'usager lui-même. Un phénomène nouveau est apparu : tout le monde, et pas seulement les journalistes, peut diffuser des informations et des opinions à un grand nombre de destinataires à travers l'Internet[5]. En outre, les médias audiovisuels et imprimés traditionnels ne cessent de converger pour

---

[2] Par exemple, Recommandation 1855, 2009 ; La régulation des services de médias audiovisuels ; Résolution, Assemblée parlementaire, Liberté d'expression et respect des croyances religieuses, Résolution 1510 (2006).

[3] V. par exemple, la Conférence sur « Les médias dans une société démocratique: quel équilibre entre la liberté d'expression et la protection des droits humains » tenue sous la présidence luxembourgeoise, du 30 septembre au 1er octobre 2002 : http://www.coe.int/MediaLuxembourgF.

[4] Rapport de la Commission de la culture, de la science et de l'éducation, Liberté d'expression et respect des croyances religieuses, Doc. 10970, 24 juin 2006.

[5] Cf. Recommandation du Comité des Ministres, adoptée à la 1005e réunion des Délégués des Ministres (26 septembre 2007), «Education et formation professionnelles des journalistes», Doc. 11391, 1er octobre 2007, Recommandation 1789 (2007).

former de nouveaux types de médias électroniques assortis d'images, de son et de texte, auxquels on peut accéder par le biais de plateformes fixes ou mobiles utilisant les transmissions terrestres analogiques ou numériques, le satellite ou le câble[6].

Le spectateur, l'auditeur ou le lecteur des nouveaux services de médias audiovisuels doit assumer une plus grande responsabilité dans le contenu qu'il choisit et auquel il peut même contribuer, alors qu'il devient plus difficile pour les autorités de régulation nationales de réglementer le contenu de ces services. C'est la raison pour laquelle les législateurs nationaux se voient dans l'obligation de revoir les réglementations existantes et de mettre en place de nouveaux moyens en vue de parvenir à leurs objectifs en matière de politique de médias audiovisuels et de communication en ligne[7].

Ce sont les institutions politiques du Conseil de l'Europe qui vont tout naturellement se faire l'écho des implications du nouveau moyen de communication. Rapidement, il lui est apparu nécessaire à l'Organisation de dépasser la soft law (A) pour mettre en œuvre une Convention sur la cybercriminalité (B).

A - La soft law

Internet a d'abord fait l'objet de recommandations, résolutions et rapports des organes politiques du Conseil de l'Europe.

Les problèmes juridiques liés à l'apparition d'Internet on été inventoriés rapidement par l'Organisation. Dès 1997, un rapport de l'Assemblée parlementaire détectait les *« incidences des nouvelles technologies de communication et d'information sur la démocratie en relevant les causes et les effets des mutations de la communication en ligne à mettre en parallèle avec les principes à défendre »*[8] et une Recommandation du Comité des

---

95

ministres portait sur « *la représentation de la violence dans les médias électroniques* »[9].

En 2001, la Commission de la culture, de la science et de l'éducation, préoccupée des effets de la mondialisation et d'Internet, adopta un rapport intitulé « Liberté d'expression et d'information dans les médias en Europe »[10]. La même année, le Comité des Ministres vota une Recommandation sur l'autorégulation des cyber contenus[11]. En 2003, une Déclaration relative à la liberté de la communication sur l'Internet insistait sur la nécessité pour les Etats membres de « *favoriser et encourager l'accès de tous aux services de communication et d'information sur l'Internet (…)* »[12].

Par ailleurs, en novembre 2000, la Commission des questions juridiques et des droits de l'homme amorça une réflexion sur Internet et le droit[13]. Une recommandation de l'Assemblée parlementaire, de 2004, relative à l'Internet et le droit s'attachait particulièrement aux comportements des acteurs de l'Internet ainsi qu'aux droits et obligations des utilisateurs de l'Internet du point de vue du respect des normes et principes du Conseil de l'Europe[14].

Les instances du Conseil de l'Europe débattirent du sujet, notamment le Comité directeur sur les moyens de communication de

---

[9] Recommandation (97) 1997.

[10] Doc. 9000, 19 mars 2001et Doc. 9640 révisé, 14 janvier 2003 suivi d'une recommandation de l'Assemblée parlementaire et d'une Réponse du Comité des Ministres, adoptée à la 852e réunion des Délégués des Ministres (17 septembre 2003), Liberté d'expression dans les médias en Europe, Doc. 9918, 19 septembre 2003, Recommandation 1589 (2003).

[11] Rec. [2001]8 : l'autorégulation et la protection des utilisateurs contre les contenus illicites ou préjudiciables diffusés sur les nouveaux services de communication et d'information.

[12] Déclaration de 2003 du Comité des Ministres sur la liberté de la communication sur l'Internet, principe 4.

[13] Note introductive de M. TALLO, novembre 2000 relative à "Internet et le droit"; s'attachant aux développements juridiques liés à l'utilisation d'Internet ; puis Rapport de la Commission des questions juridiques et des droits de l'homme, Internet et le droit, Doc. 10064, 6 février 2004.

[14] Recommandation 1670 [2004].

masse (CDMM) et le Comité des Ministres[15]. Ainsi, le Comité des Ministres a adopté un message politique à l'occasion du Sommet mondial sur la société de l'information (SMSI), tenu à Genève, en décembre 2003, et a proposé d'étudier la possibilité d'une plateforme pour la rédaction d'un code international portant entre autres sur les droits et les devoirs des internautes. Afin de poursuivre ces travaux, le Comité des Ministres a adopté en 2005, dans le cadre du projet sur « *La bonne gouvernance dans la société de l'information* », le mandat spécifique d'un « *Comité d'experts ad hoc multidisciplinaire sur la société de l'information* » (CAHSI), aux travaux duquel l'Assemblée parlementaire, ainsi qu'un certain nombre d'organisations représentant la société civile, sont invitées à participer en qualité d'observatrices. Le CAHSI est chargé d'examiner comment le recours aux technologies d'information et de communication, et plus particulièrement à l'Internet et à d'autres moyens de communication électroniques, peut affecter, positivement et négativement les droits de l'homme et leur protection. Le Comité d'experts sur les nouveaux médias a tenu sa première réunion les 29 et 30 septembre 2009. L'ensemble de ces initiatives politiques permet de faire avancer le droit de la communication en ligne.

Enfin, s'est tenu à Reykjavík, en mai 2009 une Conférence ministérielle du Conseil de l'Europe sur les médias et les nouveaux services de communication qui a adopté une Déclaration politique[16]

---

[15] Recommandation / Réponse du Comité des Ministres, adoptée à la 923e réunion des Délégués des Ministres (6 avril 2005), Internet et le droit, Doc. 10501, 11 avril 2005, Recommandation 1670 (2004).

[16] Il y est notamment relevé que « *Les normes existantes liées aux médias, qui ont été élaborées pour des formes traditionnelles de communication de masse, peuvent tout à fait s'appliquer aux nouveaux services et à leurs fournisseurs. Cependant, des orientations supplémentaires particulières pour les Etats membres peuvent s'avérer nécessaires. De plus, les fournisseurs de nouveaux services doivent prendre conscience de leurs droits mais aussi de leurs devoirs et de leurs responsabilités (point 3). / ... / La question de la dignité des personnes exposées aux médias ou aux services apparentés aux médias, ou bien affectées par ces services, devrait être au cœur de la réflexion sur l'élaboration de normes relatives à ces services (point 7). Dans l'intérêt de la nécessaire protection du droit à la vie privée, la question du traitement des données personnelles (Point 8) La mise en œuvre effective des normes du Conseil de l'Europe concernant la liberté d'expression et d'information et la liberté des médias est une préoccupation permanente (point 9)* ».

et plusieurs résolutions[17]. La Conférence a posé la question, au-delà de la réglementation du contenu de la communication, de la gouvernance d'internet, élément essentiel de la liberté d'expression[18].

De surcroît, il appartient aux Etats membres du Conseil de l'Europe de mettre en œuvre les recommandations et résolutions du Conseil de l'Europe selon les engagements pris par les Chefs d'États et de Gouvernements dans leur Plan d'action lors du sommet de 2005 à Varsovie[19]. Il s'agit notamment des résolutions et recommandations de l'Assemblée parlementaire[20]. Des recommandations et déclarations du Conseil des ministres[21]. Des recommandations de la Commission européenne contre le racisme et l'intolérance[22].

---

[17] Résolution Vers une nouvelle conception des médias, accompagné d'un Plan d'action ; Résolution : La gouvernance de l'internet et les ressources critiques de l'internet ; Résolution : Développements en matière de législation contre le terrorisme dans les Etats membres du Conseil de l'Europe et leur impact sur la liberté d'expression et d'information.

[18] Cf. Résolution : La gouvernance de l'internet et les ressources critiques de l'internet, préc. « *L'internet s'appuie sur une variété de ressources, indispensables à son fonctionnement et qui, par leur nature, peuvent à tout moment affecter considérablement les possibilités d'un grand nombre d'utilisateurs d'accéder à l'internet et d'en bénéficier» (point 5) ; /.../ Les Etats membres partagent la responsabilité de prendre des mesures raisonnables pour garantir le fonctionnement continu de l'internet et, par conséquent, du service public auquel ont droit toutes les personnes relevant de leur juridiction (point 8) ».*

[19] Cf. décision prise lors du Sommet de Varsovie en 2005 : 16.1 - Egal. engagements pris lors de la 7ème conférence ministérielle européenne sur la politique des communications de masse à Kiev les 10 et 11 mars 2005.

[20] Par exemple : Résolution 1165 (1998) sur le droit au respect de la vie privée ; Recommandation 1202, « Tolérance religieuse dans une société démocratique » ; Recommandation 1706 (2005) sur les médias et le terrorisme ; Résolution 1510 (2006) sur la liberté d'expression et le respect des croyances religieuses.

[21] Par exemple : Déclaration du Comité des Ministres de 1982 sur la liberté d'expression et d'information ; Recommandation (97) 20 sur le « Discours de haine » ; Recommandation (97) 21 sur les médias et la promotion d'une culture de tolérance.

[22] Par exemple : Recommandation (2003) 13 sur la diffusion d'informations par les médias en relation avec les procédures pénales ; Recommandations de politique générale n° 1 (1996) « La lutte contre le racisme, la xénophobie, l'antisémitisme et l'intolérance » ; Recommandations de politique générale n° 5 (2000) « La lutte contre l'intolérance et les discriminations envers les

Tous ces documents politiques doivent se traduire, dans une certaine mesure, par l'adoption de dispositions à caractère obligatoire. En effet, la nécessité de mettre en place un cadre juridique contraignant est apparue rapidement pour répondre aux pratiques qui se sont développées sur Internet. C'est ainsi que fut adoptée la Convention sur la cybercriminalité et son Protocole additionnel.

B - La Convention sur la cybercriminalité et le Protocole additionnel

Les institutions du Conseil de l'Europe se sont préoccupées du respect des droits de l'homme et des libertés fondamentales dans le cadre de la communication en ligne. Les pratiques de l'Internet les ont conduites rapidement à relever certains abus de la liberté d'expression. Dès 2001, l'Assemblée parlementaire adoptait une recommandation intitulée « Racisme et xénophobie dans le cyberespace » analysant les causes de ces dérives[23]. En réponse à cette recommandation, le Comité des Ministres insistait sur la nécessité d'un encadrement juridique adéquat des réseaux informatiques en pointant la situation des fournisseurs de services[24].

Le racisme et la xénophobie ne peuvent être considérés comme des opinions librement exprimées dans une société démocratique. Les législations des différents pays européens ont incriminé les discriminations fondées sur des motivations racistes ou xénophobes. La rédaction de ces normes étant normalement assez neutre, elles sont donc parfaitement applicables aux discours racistes sur Internet et au moyen d'autres supports électroniques. Pourtant, le discours raciste sur Internet prend une dimension nouvelle et mérite une attention spécifique en droit pénal. L'Internet permet une banalisation du discours raciste et xénophobe. En même temps,

---

musulmans » ; Recommandations de politique générale n° 7 (2002) « La législation nationale pour lutter contre le racisme et la discrimination raciale » ; Recommandations de politique générale n° 9 (2004) « La lutte contre l'antisémitisme ».

[23] Recommandation 1543 [2001] sur le racisme et la xénophobie dans le cyberespace.

[24] Réponse adoptée à la 812e réunion des Délégués des Ministres (16 octobre 2002), Racisme et xénophobie dans le cyberespace, Doc. 9607, 21 octobre 2002, Recommandation 1543 (2001).

Internet favorise la création de véritables communautés racistes et xénophobes qu'une société démocratique ne doit pas tolérer en son sein. Les messages sont diffusés sur les sites web ou par des kiosques, des forums ou des e-mails[25]. Des ouvrages, des disques, des chants révisionnistes et des journaux sont aussi disponibles. Les sites sont faciles d'accès et gratuits[26].

La Convention sur la cybercriminalité et le Protocole additionnel procèdent du souci de promouvoir de bonnes pratiques et d'empêcher ou, à tout le moins, de restreindre la diffusion de messages racistes ou xénophobes dans le cyberespace[27]. Il ne saurait cependant être porté atteinte à la liberté d'expression. Les entraves à cette liberté fondamentale ne peuvent être que restreintes. Toute limitation à la liberté d'expression des idées, des idéologies, des sentiments doit être tout à fait exceptionnelle même s'ils sont minoritaires ou contraires au point de vue majoritaire de la société où ils se manifestent. Le principe du caractère restrictif de la loi pénale doit être toujours sauvegardé. Et l'on ne peut pas introduire davantage d'interdictions sur Internet que celles s'appliquant à d'autres moyens d'expression et de communication[28].

Dans ces conditions, le Conseil de l'Europe a permis l'élaboration d'une Convention sur la cybercriminalité, en date du 23 novembre 2001[29], et ouverte à la signature des Etats non membres. La Convention, qui est entrée en vigueur en juillet 2004, fournit des orientations à tous les gouvernements qui souhaitent mettre en place des outils législatifs détaillés pour combattre la cybercriminalité. La Convention sur la cyber-criminalité du Conseil de l'Europe est en fait le premier instrument international juridiquement contraignant à pénaliser des infractions telles que le piratage informatique, la

---

[25] Ces derniers tombant sous le coup de la correspondance privée.

[26] Cf. Rapport de la Commission des questions juridiques et des droits de l'homme, Premier protocole additionnel à la Convention sur la cybercriminalité relatif à l'incrimination des actes de nature raciste et xénophobe commis par le biais de systèmes informatiques, Doc. 9538, 5 septembre 2002.

[27] Cf. Recommandation du Comité des Ministres (2001) 8 sur l'autorégulation des cybercontenus, préc. note 11.

[28] Cf. Rapport de la Commission des questions juridiques et des droits de l'homme, préc. note 26.

[29] STE n° 185.

violation des données, l'atteinte aux droits d'auteur et même la diffusion de certains documents illicites, notamment à caractère pédopornographique[30]. Par ailleurs, compte tenu du caractère global des nouveaux réseaux de communication, un objectif connexe a été poursuivi tendant à promouvoir l'échange d'informations et la coopération au niveau transfrontière, à la fois entre organismes représentatifs de l'industrie d'Internet et entre ces organismes et les pouvoirs publics, dans la lutte contre la diffusion de ce type de messages[31].

Mais la Convention sur la cybercriminalité a introduit une distinction nette entre les infractions se rapportant au contenu et les autres infractions. Dans cette matière, elle n'a visé que les infractions se rapportant à la pornographie enfantine[32]. C'est le premier protocole qui a étendu la répression. En effet, la Convention sur la cybercriminalité a été complétée par un Protocole additionnel relatif à l'incrimination d'actes de nature raciste et xénophobe commis par le biais de systèmes informatiques[33]. Le Comité des Ministres a décidé, le 19 septembre 2001, de créer un Comité d'experts *ad hoc* sur l'incrimination des actes de nature raciste ou xénophobe à travers les réseaux informatiques, chargé de préparer un projet de protocole additionnel à la Convention sur la cybercriminalité[34]. Le texte a été adopté par le Comité européen pour les problèmes criminels (CDPC), en juin 2002, et soumis au Comité des Ministres pour adoption. Celui-ci l'a communiqué à l'Assemblée parlementaire pour avis[35]. Le projet de protocole a été adopté par le Comité des Ministres à la 111e Session les 6-7 novembre 2002. Ouvert à la signature des Etats, le 28 septembre 2003, il a été ratifié par la France et est entré en vigueur, après cinq ratifications, le 1re mars 2006.

---

[30] V. not. Avis Ass. parl. n° 226 (2001) sur le projet de convention sur la cybercriminalité et Recommandation 1543 (2001).

[31] Cf. Recommandation du Comité des Ministres (2001) 8 sur l'autorégulation des cybercontenus, préc. note 11.

[32] Cf. Rapport de la Commission des questions juridiques et des droits de l'homme, préc. note 26.

[33] STCE n° 189.

[34] Préc. note 29.

[35] 805e réunion, point 10.1.

Le préambule du projet de protocole souligne la nécessité d'assurer un bon équilibre entre la liberté d'expression et une lutte efficace contre les actes de nature raciste et xénophobe. Le Comité des Ministres a d'ailleurs rappelé que toute initiative qui viendrait à être prise en la matière devrait respecter l'article 10 de la Convention européenne des Droits de l'Homme, tel qu'interprété par la Cour européenne des Droits de l'Homme[36].

Le projet de protocole a été mis au point avec la participation active d'experts américains. Il est donc le résultat d'un compromis entre des traditions juridiques et culturelles différentes. Il a été rédigé de façon à ne pas s'opposer aux principes constitutionnels fondamentaux des Etats-Unis, en particulier, la protection de la liberté d'expression visée par le premier amendement à la Constitution américaine[37].

Un équilibre assez subtil a été trouvé, entre cette conception de la liberté d'expression que partage les pays anglo-saxons et celle de pays ayant adopté une législation combattant le discours raciste. Le protocole additionnel vise à pénaliser la propagande à caractère haineux. Il répond à la considération selon laquelle *«le droit national et international nécessite de prévoir une réponse juridique adéquate à la propagande de nature raciste et xénophobe par le biais des systèmes informatiques»*[38]. De

---

[36] Réponse du Comité des Ministres, préc. note 24.

[37] *« Une conception différente des limites à la liberté d'expression a amené une réponse juridique différente au discours raciste et xénophobe aux Etats-Unis et en Europe. D'après la jurisprudence de la Cour suprême des Etats-Unis, le discours haineux («hate speech») n'est sanctionné que si une menace imminente contre une personne déterminée se fait jour (voir la jurisprudence de la Cour: Brandenburg c. Ohio, 395 U.S. 444 (1969) et Watts c. United States, 394 U.S. 705 (1969); R.A.V. c. St Paul; Chaplinsky c. New Hampshire (1942); Wisconsin c. Mitchell (1992) et Ohio c. Wyant). Au cours d'une audition organisée par la Commission le 6 mars 2001 à Paris, un expert de l'Institut suisse de droit comparé a démontré qu'une telle jurisprudence ne permettait pas de faire protéger par un tribunal américain des messages racistes incorporés dans le site d'un serveur américain et destinés exclusivement à un public étranger, dans le but de contourner la législation d'un autre pays. Or, il est très fréquent que les sites contenant des messages racistes ou xénophobes soient hébergés par des serveurs américains, dans le but de se protéger de poursuites judiciaires »* (Rapport de la Commission des questions juridiques et des droits de l'homme, préc. note 26.

[38] Cf. Rapport de la Commission des questions juridiques et des droits de l'homme, Internet et le droit, Doc. 10064, 6 février 2004.

surcroît, le premier protocole est le premier instrument international à pénaliser le négationnisme. Il impose l'incrimination de « *la diffusion ou des autres formes de mise à disposition du public, par le biais d'un système informatique, de matériel raciste et xénophobe* » (art. 3 § 1), des menaces à connotation raciste (art. 4 § 1), de « *l'insulte en public, par le biais d'un système informatique* » présentant le même caractère (art. 5 § 1) ainsi que de la diffusion du « *matériel qui nie, minimise de manière grossière, approuve ou justifie des actes constitutifs de génocide ou de crimes contre l'humanité* » (art. 6 § 1).

II - L'encadrement juridique

La Convention sur la cybercriminalité et son Protocole additionnel représentent un premier pas vers l'encadrement juridique international de la communication en ligne, qui est indispensable compte tenu de la forme même du moyen de communication. En effet, les cybercriminels comptent sur la possibilité d'opérer à travers les frontières et mettent à profit la disparité des législations nationales.

La lutte contre la cybercriminalité nécessite donc le renforcement urgent de la coopération internationale[39]. Celle-ci ne compte d'ailleurs pas les Etats comme seuls acteurs. L'autorégulation est développée dans le cadre de la communication en ligne. La Recommandation de 2001 précitée sur l'autorégulation des cybercontenus[40] entend ainsi « *encourager la création d'organisations représentatives des acteurs d'Internet* » afin d'« *établir des mécanismes de régulation… en ce qui concerne l'élaboration de codes de conduite et le contrôle du respect de ces codes* »[41]. Mais il faut concilier l'autorégulation avec les instruments étatiques. C'est la

---

[39] Rapport de la Commission des questions juridiques et des droits de l'homme, Comment prévenir la cybercriminalité dirigée contre les institutions publiques des Etats membres et observateurs? Doc. 11325, 26 juin 2007.

[40] Note 11.

[41] L'autorégulation et la protection des utilisateurs contre les contenus illicites ou préjudiciables diffusés sur les nouveaux services de communication et d'information), chapitre 1. Voir également la déclaration de 2003 du Comité des ministres sur la liberté de la communication sur l'Internet, principe 2.

première approche de l'encadrement juridique d'Internet au plan international qui tient compte de ses particularités (I).

En outre, la communication en ligne, en dépit de sa spécificité, peut être soumise à certains instruments juridiques qui ne s'attachent pas précisément au moyen de communication. Ainsi la Convention pour la prévention du terrorisme s'applique à Internet[42]. Et d'une façon plus générale, la Convention européenne des droits de l'homme est une source primordiale du droit. Son application par la Cour européenne des droits de l'homme confère un caractère vivant au droit de la liberté d'expression, qui touche évidemment Internet (II).

A - Instruments juridiques et autorégulation

Le droit de la communication en ligne n'est toujours pas fermement établi. Les utilisateurs d'Internet marquent leur préférence pour l'absence de toute réglementation ou à défaut, une simple autorégulation. Les Etats européens penchent pour un cadre plus contraignant. On a considéré initialement qu'en raison de la structure anarchique d'Internet, il était pratiquement impossible de réguler la communication en ligne. Pourtant, l'absence de toute responsabilité ne pouvait perdurer. Les Etats ont souhaité l'établissement d'une règle. Restait à en déterminer le contenu. Comme nous l'avons vu, la Convention sur la cybercriminalité et son Protocole additionnel offrent déjà une réponse. Mais celle-ci est insuffisante.

L'Assemblée parlementaire du Conseil de l'Europe a insisté, à juste titre, sur le fait que quiconque produit ou met à disposition des contenus ou des services illégaux doit être tenu responsable par la loi. Ces dernières années, les comportements et les contenus illégaux en ligne ont malheureusement multiplié les risques. L'Assemblée parlementaire a donc recommandé au Comité des Ministres de créer un instrument juridique, de préférence sous la forme d'une convention élargie, portant, entre autres, sur les droits et les devoirs

---

[42] STE n° 196 - La question du cyberterrorisme est aussi abordée dans la Décision-cadre du Conseil de l'UE relative à la lutte contre le terrorisme - Décision-cadre du Conseil 2002/474/JAI du 13.06.2002 relative à la lutte contre le terrorisme (JOCE L 164/3 du 22 juin 2002.

fondamentaux des internautes[43]. Au contraire, le Comité directeur sur les moyens de communication de masse (CDMM), s'il estime utile d'examiner les droits et devoirs fondamentaux des internautes, n'est pas d'avis qu'il faille les inscrire dans une convention élargie juridiquement contraignante car il considère que ces droits et devoirs font déjà partie intégrante des instruments de l'Organisation en matière de droits de l'homme. Pour le Comité, tous ces instruments sont « *neutres du point de vue technologique* » et consacrent des valeurs universelles qui n'ont pas à être adaptées aux préoccupations suscitées par l'Internet[44].

Le renforcement de la responsabilité juridique des fournisseurs de services Internet eu égard aux contenus illégaux, que ceux-ci proviennent ou non de tiers ou des utilisateurs, reste cependant une exigence qui pourrait se traduire par la rédaction d'un nouveau protocole additionnel à la Convention sur la cybercriminalité[45]. De surcroît, se pose la question de l'adaptation de la Convention européenne sur la télévision transfrontière (CETT), ouverte à la signature, en 1989, sur le modèle de la nouvelle directive de l'Union européenne sur les services médias audiovisuels[46]Lorsque cette convention a été élaborée, l'on souhaitait laisser Internet en dehors du droit. Le Conseil de l'Europe s'attache, à présent, à sa révision. La question de savoir si la communication en ligne entre dans son champ d'action fait l'objet d'un débat[47].

La spécificité d'Internet rend toutefois difficile l'application des règles contraignantes. L'autorégulation peut dès lors paraître plus efficace 50[48]. « *Un dialogue doit être engagé avec l'ensemble des fournisseurs de*

---

[43] Rapport de la Commission des questions juridiques et des droits de l'homme, Internet et le droit, préc. note 13.

[44] Cf. Recommandation du Comité des Ministres, préc. note 15.

[45] Cf. Recommandation 1882 (2009), préc. note 1.

[46] 2007/65/CE (Directive SMA).

[47] La conférence du Conseil de l'Europe des ministres responsables des médias et des nouveaux services de communication, estime qu'« il serait donc souhaitable d'examiner la notion de médias et, si nécessaire, d'élaborer de nouveaux concepts dans ce domaine » (Résolution *Vers une nouvelle conception des médias*, Point 3 (préc. note 17).

[48] « *Comme pour les médias traditionnels, l'autorégulation devrait être un facteur clé du respect des normes tout en préservant l'indépendance éditoriale ; quand cela est nécessaire, l'autorégulation peut être soutenue ou renforcée par une corégulation. Constituant une*

services, pour les convaincre de la nécessité de prendre eux-mêmes les mesures propres à lutter contre les sites » abusant de la liberté d'expression. « *Seule la participation active de ces fournisseurs de services, et des représentants d'autres milieux intéressés tels que le monde de l'éducation, permettra d'aboutir à des résultats tangibles et à long terme dans la lutte »* contre les dérives d'Internet[49]. L'Assemblée parlementaire du Conseil de l'Europe entend « *encourager les efforts d'autodiscipline »*[50] parallèlement à l'adoption de règles contraignantes. Mais elle estime qu'il faut définir ce que l'on entend par un comportement « *éthique* » sur Internet, et établir les principes qui doivent s'appliquer collectivement à tous les fournisseurs d'accès ou de services et, individuellement, aux internautes[51].

L'éthique sur l'Internet est, par sa nature même, fondée sur des règles et normes morales de comportement humain qui encouragent l'application de certains principes de conduite au lieu des les inscrire dans un cadre juridique formel. La « *cyberéthique* » est le plus souvent comprise comme l'ensemble des principes moraux régissant le comportement des internautes. Elle tend à supplanter la notion initiale de « *nétiquette* », qui n'est qu'un ensemble de règles de bonne conduite sur Internet visant essentiellement à prohiber la publicité commerciale intrusive ou la « *propagande* » politique et religieuse, et encourager les citoyens d'Internet à adopter un comportement jugé

---

forme d'intervention, la réglementation devrait se soumettre aux limites et aux conditions établies par la Convention européenne des droits de l'homme et la jurisprudence pertinente de la Cour européenne des droits de l'homme, et elle devrait satisfaire aux critères définis par cette dernière. Les mécanismes de réglementation des médias ou apparentés aux médias et de contrôle des obligations liées à leurs responsabilités, qu'il s'agisse d'autorégulation ou de corégulation, ou, si cela est nécessaire, d'un contrôle par l'Etat, doivent être effectifs, transparents, indépendants et tenus de rendre des comptes » (Résolution Vers une nouvelle conception des médias, point 6, préc. note 17).

[49] A propos de la diffusion du racisme et de la xénophobie dans le cyberespace : Réponse du Comité des Ministres, adoptée à la 812e réunion des Délégués des Ministres (16 octobre 2002), Racisme et xénophobie dans le cyberespace, Doc. 9607, 21 octobre 2002, Recommandation 1543 (2001) préc. note 23.

[50] Préc. note 1.

[51] Rapport de la Commission des questions juridiques et des droits de l'homme, Internet et le droit, préc. note 38.

« *civil* »[52]. Le CDMM convient de la nécessité de définir ce que l'on entend par comportement « *éthique* ». Préalablement, il faut déterminer plus précisément le rôle et les responsabilités des différents acteurs et utilisateurs d'Internet pour les encourager à adopter un comportement éthique qui suppose la plus grande transparence possible. Mais le CDMM souligne la nécessité de veiller à ce que les règles éthiques n'entravent pas la liberté de la communication sur Internet et que les obligations et responsabilités des acteurs d'Internet n'aillent pas au-delà de celles qui sont énoncées dans la Déclaration de 2003 du Comité des Ministres sur la liberté de la communication sur l'Internet[53].

En 2009, l'Assemblée parlementaire du Conseil de l'Europe a appelé les Etats membres à créer une institution nationale pour permettre la coopération entre les industries de l'Internet et des médias, les organisations de la société civile et leur gouvernement concernant l'élaboration et l'application de la régulation des services de médias en ligne et sur internet. Elle demande à l'industrie des médias en ligne d'élaborer et d'appliquer des codes de conduite ayant trait à la protection de la vie privée, à l'égalité des chances, aux activités commerciales ciblant les mineurs et aux contenus qui pourraient leur être préjudiciables[54]. Le CDMM est d'accord qu'il faille inciter les gouvernements des Etats membres à attribuer à des comités nationaux de cyberéthique un pouvoir de contrôle au niveau national[55].

Allant plus loin, l'Assemblée avait proposé que la création d'une autorité européenne d'éthique d'Internet représentant plusieurs approches culturelles, financée par les comités nationaux de cyberéthique dans tous les Etats possédant la technologie de l'Internet pour responsabiliser les entreprises et les utilisateurs privés et les inciter à utiliser Internet de façon légale et éthique. Elle aurait été chargée de fixer des règles et des principes, de les adapter en continu et de veiller à ce que les comités nationaux de cyberéthique

---

[52] Ibidem.

[53] Recommandation du Comité des Ministres, Internet et le droit, préc. note 15.

[54] Recommandation 1882 (2009), préc. note 1.

[55] Cf. Rapport de la Commission des questions juridiques et des droits de l'homme, Internet et le droit, préc. note 38.

les respectent[56]. Au contraire, le Comité des Ministres, tout comme le CDMM, estiment qu'un cadre non juridique de coopération et de coordination entre les Etats membres et les acteurs d'Internet, y compris l'industrie et les ONG, favoriserait l'instauration d'un dialogue ouvert et constant afin notamment d'échanger des points de vue sur la façon de concevoir les problèmes clés soulevés par l'Internet comme l'utilité d'une régulation, le comportement éthique, les contenus préjudiciables[57]. Le CDMM estime donc plus approprié d'instaurer un *cadre non juridique souple*, s'appuyant sur les structures existantes du Conseil de l'Europe comme le CDMM plutôt que d'en créer de nouvelles. Un tel cadre permettrait aussi de traiter d'autres problèmes comme ceux qui concernent la responsabilité de certains acteurs d'Internet (à savoir les fournisseurs de services), les conflits de compétence ainsi que les initiatives d'autorégulation et de corégulation, qui tous peuvent avoir une incidence indirecte et/ou directe sur les droits et devoirs des utilisateurs d'Internet et le contrôle des normes éthiques[58].

B - *Jurisprudence de la Cour EDH*

Au-delà de l'encadrement juridique spécifique à Internet et de sa conciliation avec l'autorégulation, la communication en ligne est traitée comme tout moyen de communication et soumise aux systèmes juridiques nationaux. Ceux-ci doivent cependant se conformer à la jurisprudence de la Cour européenne des droits de l'homme[59]. Certes, lorsqu'une affaire concrète impose de mettre en

---

[56] Ibidem.

[57] Cf. Recommandation préc. note 15.

[58] Avis du Comité directeur sur les moyens de communication de masse (CDMM) (13°) Recommandation / Réponse du Comité des Ministres, adoptée à la 923e réunion des Délégués des Ministres (6 avril 2005), Internet et le droit, Doc. 10501, 11 avril 2005, Recommandation 1670 (2004).

[59] « *Les Etats membres peuvent devoir rendre compte devant la Cour européenne des droits de l'homme de toute violation des droits énoncés. La nature même de la société de l'information et surtout de l'internet a des implications transfrontalières considérables. L'article 10 de la Convention européenne des droits de l'homme est particulièrement pertinent à cet égard dans la mesure où les droits et libertés qu'il protège sont garantis 'sans considération de frontière'*». (Résolution : La gouvernance de l'internet et les ressources critiques de l'internet, adoptée par la 1re Conférence du Conseil

balance la liberté d'expression et d'autres droits de l'homme, les juridictions et les législateurs nationaux disposent toujours d'une marge d'appréciation. Mais, la Cour européenne des droits de l'homme a établi que les possibilités d'imposer des restrictions à la liberté d'expression sont très limitées dans le domaine du discours politique ou des questions d'intérêt général. Elles sont généralement plus importantes lorsqu'il s'agit de questions susceptibles d'offenser des convictions intimes dans le domaine de la morale ou de la religion. Ce qui est de nature à offenser gravement des personnes d'une certaine croyance religieuse varie considérablement dans le temps et dans l'espace[60].

La jurisprudence de la Cour s'applique à la communication en ligne. Il y a toutefois encore peu d'arrêts qui traitent d'Internet. La première affaire où le nouveau moyen de communication ait cité Internet est, si l'on se fie au moteur de recherche de la Cour, un arrêt du 28 juin 2001à propos d'interdiction de publicité à la Télévision mettant en cause la Suisse. Internet était visé comme une possibilité de diffusion de publicité[61]. Le gouvernement helvétique rappelait les diverses possibilités qui s'offraient à l'association requérante pour diffuser les informations en question, à savoir les émissions des télévisions et radios locales, la presse écrite et Internet.

Dans les quelques affaires qui traitent de la communication en ligne, Internet n'intervient souvent qu'incidemment dans l'espèce. Le fond du litige peut n'être que la conséquence d'une infraction commise sur Internet. C'est par exemple le cas dans un arrêt du 15 juin 2006 mettant en cause la Lettonie et relatif à une détention provisoire dans une procédure liée à la diffusion de message pornographique sur Internet[62]. Dans l'affaire Coulaud c. France, *du 2 novembre 2004*, à propos de poursuites pour trafic de décodeur sur Internet, le requérant dénonçait l'iniquité de la procédure devant la chambre criminelle de la Cour de cassation car il n'avait pas eu

---

de l'Europe des ministres responsables des médias et des nouveaux services de communication, préc. note 17, point 2).

[60] Rapport de la Commission de la culture, de la science et de l'éducation, préc. note 4.

[61] Affaire VgT VEREIN GEGEN TIERFABRIKEN c. Suisse du 28 juin 2001 (requête n° 24699/94).

[62] Affaire JURJEVS c. Lettonie 15 juin 2006, Requête n° 70923/01.

communication, avant l'audience, du rapport du conseiller rapporteur[63]. Dans une affaire de liberté conditionnelle, jugée le 19 février 2009, il était reproché incidemment au Royaume-Uni l'impossibilité faite au requérant d'accéder à Internet[64]. Dans une affaire d'expulsion contre l'Italie, la Cour relève également des restrictions à l'accès à Internet[65].

La présence d'Internet dans un litige peut tout simplement résulter d'un lien avec un autre moyen de communication. S'agissant de divulgation de documents confidentiels, dans l'affaire Stoll c. Suisse, jugée le 25 avril 2006[66], puis renvoyée devant la Grande Chambre qui a rendu son arrêt le 10 décembre 2007, la communication en ligne n'intervient qu'incidemment à propos de la question d'une publication plus complète sur Internet. Dans l'affaire Karakoyun et Turan c. Turquie du 11 décembre 2007, il est question de reprise d'informations publiées sur Internet[67].

Internet peut servir de moyen de preuves. Dans une affaire de détention dégradante, des preuves sont apportées par des photographies publiées sur Internet[68]. Un témoignage est recueilli sur Internet dans une autre affaire[69]. Les arrêts de la Cour européenne des droits de l'homme révèlent d'ailleurs combien les communications en ligne sont surveillées par les autorités nationales. Dans une affaire Saadi c. Italie du 28 février 2008[70], on apprend que les autorités ont pris en compte des consultations sur Internet. L'affaire précitée contre le Royaume-Uni du 19 février 2009 illustre la possibilité pour la justice de contrôler le contenu d'un ordinateur. On y lit notamment « *L'analyse du disque dur de l'ordinateur de l'intéressé a révélé que celui-ci avait consulté un site Internet consacré à la technologie militaire*

---

[63] Requête n° 69680/01.

[64] Affaire A. et Autres c. Royaume-Uni, (Requête n° 3455/05) 19 février 2009.

[65] Affaire BEN KHEMAIS c. Italie, (Requête n° 246/07), 24 février 2009 : affaire d'expulsion ; incidemment.

[66] Requête n° 69698/01.

[67] Requête n° 18482/03.

[68] Affaire MATHEW c. Pays-Bas (Requête n° 24919/03) 29 septembre 2005.

[69] Affaire GIULIANI et GAGGIO c. Italie, (Requête n° 23458/02)25 août 2009 : poursuites contre des forces de l'ordre à la suite de la mort d'un manifestant.

[70] Requête n° 37201/06.

américaine, sujet étranger aux études qu'il suit »[71]. Dans l'affaire Herri Batasuna et Batasuna c. Espagne du 30 juin 2009, la dissolution d'un parti politique s'appuie notamment sur des liens avec une organisation illicite révélés par le site Internet de ce parti[72]. Sur le site Internet du deuxième requérant figurait l'anagramme d'une organisation déclarée illégale par un juge central d'instruction et inscrite sur la Liste européenne des organisations terroriste.

Les affaires relatives à la liberté d'expression sur Internet peuvent être traitées indépendamment de la spécificité du vecteur comme si la forme du moyen de communication était indifférente. Par exemple, à propos de la diffusion de tracts racistes distribués dans le public et reproduit sur Internet, un requérant, président du parti politique belge « *Front National-Nationaal Front* » est qualifié d'éditeur, responsable des écrits de ce parti, et propriétaire du site web de celui-ci. Il fut condamné par la justice belge à la suite d'une campagne électorale qui avait donné lieu à de nombreuses plaintes pour incitation à la haine, à la discrimination et à la violence à l'égard d'un groupe de personnes en raison de sa race, sa couleur, son origine et sa nationalité, sur le fondement de la loi du 30 juillet 1981 tendant à réprimer certains actes inspirés par le racisme ou la xénophobie. La Cour européenne estime qu'il n'y a pas violation de l'article 10 sans s'arrêter particulièrement sur la forme du moyen de communication[73]. Seule l'opinion dissidente du Juge Andras Sajo relève les effets particuliers d'Internet. Il affirme : « *Il est exact que certains documents étaient disponibles en même temps (quoique séparément) sur le site web de M. Féret mais les sites web se distinguent d'autres formes de distribution parce qu'on peut les 'télécharger' à son gré (les intéressés doivent rechercher eux-mêmes activement l'information). Autrement dit, les opinions ne sont pas 'imposées' comme elles le sont lors de la divulgation de documents en papier* ». De même, dans une l'affaire Abdülkerim Arslan c. Turquie *du* 20 septembre 2007, le litige porte sur des informations reproduites sur Internet sans qu'il soit traité d'une manière particulière[74].

La spécificité d'Internet peut être accessoirement prise en compte. L'affaire WILLEM c. France, 16 juillet 2009 a trait à une

---

[71] Requête n° 3455/05.
[72] Requêtes n°ˢ 25803/04 et 25817/04.
[73] Affaire FÉRET c. Belgique, (Requête n° 15615/07) 16 juillet 2009.
[74] Requête n° 67136/01.

provocation à un comportement discriminatoire sur Internet[75]. Le maire d'une commune française avait été condamné du fait d'une provocation à la discrimination sur le fondement de la loi de 1881 pour appel au boycott de produits israéliens[76]. Les propos avaient été tenus au cours d'un conseil municipal, reproduits par le quotidien local et assortis d'une lettre ouverte diffusée quelques jours après, sur le site Internet de la commune. La Cour estime que l'ingérence était « *nécessaire, dans une société démocratique* », qu'elle était proportionnée et que les motifs fournis par les autorités nationales pour le justifier étaient « *pertinents* » et « *suffisants* ». Elle relève que la diffusion du message sur le site Internet de la commune a aggravé le caractère discriminatoire de la position du requérant, confortée ainsi par l'utilisation de termes polémiques.

Dans un autre litige concernant la France l'importance de la diffusion sur Internet est également prise en compte. C'est la fameuse affaire Éditions Plon c. France du 18 mai 2004 concernant la violation de secret médical par la publication de l'ouvrage « *Le grand secret* »[77]. Saisie en référé, la justice française fait défense à la société éditrice et à l'auteur, le docteur Gubler, de poursuivre la diffusion du livre « *Le Grand Secret* », sous astreinte. Parallèlement, le 4 avril 1996, la veuve du président Mitterrand et les trois enfants de ce dernier avaient assigné les requérants devant le tribunal de grande instance de Paris aux fins d'obtenir l'interdiction de la reparution du Grand Secret. Au fond la justice française prononça une condamnation à des dommages et intérêts et confirma le maintien de l'interdiction de diffusion de l'ouvrage litigieux[78]. L'arrêt de la Cour de cassation du 14 décembre 1999 rejeta le pourvoi au moyen fondé sur l'article 10 de la Convention. La Cour européenne estime qu'il y a lieu de distinguer la mesure prise en référé des mesures prises au principal. Elle considère que le maintien de l'interdiction de la diffusion du *Grand Secret*, même motivé de façon pertinente et suffisante, ne correspondait plus à un « *besoin social impérieux* » et s'avérait donc disproportionné aux buts poursuivis. La moyen de diffusion intervient dans son raisonnement :

---

[75] Requête n° 10883/05.

[76] Provocation suivi d'effet : art. 23 – provocation à la discrimination : art. 24 (CA Douai, 11 septembre 2003, confirmé par Cass. crim. 28 sept. 2004).

[77] Requête n° 58148/00.

[78] TGI Paris 23 octobre 1996 et CA Paris 27 mai 1997.

« *Lorsque le juge civil a statué au principal, non seulement cet ouvrage avait été vendu à environ 40 000 exemplaires, mais, en plus, il avait été diffusé sur Internet et avait fait l'objet de nombreux commentaires dans les médias. A ce moment-là, les informations qu'il contient avaient donc, de fait, perdu l'essentiel de leur confidentialité* ».

Conclusion

Ces exemples de la jurisprudence de la Cour européenne des droits de l'homme conduisent à relativiser l'importance que les organes politiques attachent à la communication en ligne. Certes, Internet a transformé les rapports de communication et provoque des bouleversements dans les relations humaines. Mais du point de vue du droit, on est en présence d'un moyen de communication comme un autre dont l'importance doit être jaugée mais dont la nouveauté n'est pas fondamentalement perturbatrice. La véritable novation dans ce domaine, c'est le caractère transfrontalier de la nouvelle technologie. Et de ce point de vue, la conclusion de conventions internationales s'impose.

LA DÉMOCRATIE ET SES OMBRES

Jean-Jacques SUEUR
Professeur à l'Université de Toulon et du Var

« L'ouverture ne garantit plus la démocratie »
Dominique Wolton, *Penser la communication*, Flammarion, 1997, p. 278

L'Internet n'est pas un « média » à proprement parler, plutôt une facilité extraordinaire qui conduit à s'interroger sur les médias traditionnels ainsi transfigurés, redécouverts.

Cela tombe bien puisque le discours sur les médias et sur leur « force » supposée n'en finit pas d'agoniser sous nos yeux : on nous dit et on nous répète depuis longtemps que les médias « ne font pas l'opinion ». Paul Lazarsfeld l'a parfaitement établi peu après la dernière guerre dans une étude classique parce qu'elle établit que le vote est essentiellement une expérience de groupe, et que l'influence de la radio en l'occurrence devait être relativisée.[1]

Ces conclusions, confirmées par d'autres études subséquentes, en particulier celles portant sur l'élection présidentielle de 1965 en France, ont été perçues comme apaisantes pour le citoyen qui en sort convaincu qu'il demeure lui, en dernier ressort, maître de sa décision.

Pour autant, ce constat optimiste ne convainc pas complètement, il laisse un goût d'insatisfaction : on se dit que même à cette époque les choses devaient être un peu plus compliquées. Et que peut-être la question était tout simplement mal posée. Faut-il se demander si les médias « font » l'opinion alors que personne ne sait très exactement en quoi consiste cette opinion introuvable [2] ?

Mieux vaut donc recourir à une autre méthode et à un autre modèle en reformulant l'hypothèse de départ et en introduisant

---

[1] P. LAZASFELD, *The people's Choice : How the Voter Makes up his Mind in a Presidential Campaign ?* 1944.

[2] Personne ne le sait, mais chacun suppose (non sans raison) que dans l' « opinion » telle qu'on l'entend généralement, il y a déjà là, comme une sorte de pré requis inévitable, un certain message porté par les médias sur ce qu'elle doit être. Une méta-opinion en somme. Les médias ne font pas seulement l'opinion, ils lui imposent un devoir-être.

autant que possible dans la formulation de la question des données qui permettent de neutraliser cette sorte d'effet pervers qui fait qu'en interrogeant l'objet-opinion on présuppose un rapport de cause à effet simple, linéaire comme le dit Francis Balle, entre le média et cette opinion même.

C'est ce qu'a voulu faire Mac Luhan, dans une Amérique du nord qui n'avait plus le même visage : son propos est précisément de changer de « paradigme » en établissant – nous sommes au début des années 1960 - que les médias sont partie prenante de la structure sociale dans laquelle ils évoluent et que ce sont eux, qui sont l'opinion si celle-ci peut être définie comme l'image que toute société entend donner d'elle-même à un moment donné[3].

L'intérêt de la thèse - de ses « outrances » aussi selon Francis Balle – est précisément dans ce renversement qu'elle opère : la démocratie n'est pas considérée comme un donné mais comme un construit, et les médias sont une des variables (en fait bien plus que cela) qui interviennent dans le processus de cette construction.

Si les modes de transmission de la pensée influent sur le contenu de cette pensée, comme cela paraît aller de soi et si, d'autre part ces modes de production du discours ont la capacité de transformer ces contenus de langage comme, d'une manière générale la culture qui sous tend la société dans son ensemble, alors on est en droit de s'interroger. Et, à la question posée par les organisateurs de cette journée on est tenté de répondre qu'en effet rien ne va plus et que tout doit être repris « à nouveaux frais » selon la formule consacrée.

Mais nous savons et on nous l'a redit qu'une hirondelle ne fait pas le printemps et que le vote électronique par exemple, à supposer que tous les problèmes qu'il pose encore aient été résolus, est un vote avant d'être électronique. Il faut donc nuancer un peu le propos.

C'est ce qui a été fait pendant cette journée au cours de laquelle nous avons vu clairement deux manières de penser, s'affronter et se succéder deux attitudes mentales face à l'énigme de l'« e-démocratie » :

---

[3] M. Mac LUHAN : *La Galaxie Gutenberg* (1962), *Pour comprendre les médias*(1964).

- première attitude : les moyens de communication n'ont jamais été aussi considérables, aussi omniprésents – puissance des médias de toutes sortes – mais cette force s'est autonomisée, en particulier à cause d'Internet, et cette autonomisation a eu pour effet à son tour de dresser un véritable rideau de fumée autour de la technique, venant occulter la puissance des vrais pouvoirs publics et privés, surtout les derniers nommés. Puissance des médias donc, mais puissance de mystification accrue parce que le monde des médias n'est pas et est de moins en moins le « vrai » monde.

- seconde attitude : comme la démocratie relève du possible plus que du donné, que nous sommes mieux outillés pour dire ce qui la menace que pour énoncer ce quelle est ou ce qu'elle devrait être, il est de bonne méthode semble-t-il de commencer par le plus simple – la ou les menaces - pour terminer par une interrogation de portée plus générale sur les rapports entre l'Internet, le droit et la démocratie.

Nous ne choisirons pas, en ce qui nous concerne, pas tout de suite en tout cas.

I - La technique contre la démocratie ?

La démocratie n'est pas seulement un système de communication, c'est aussi un régime qui maximise les possibilités pour chaque homme en général de s'auto-déterminer, de décider par lui-même[4]. L'Internet creuse l'écart entre ces deux aspects de la démocratie. Communication sans limites apparentes (pour peu qu'on ait la compétence de la mettre en œuvre !) mais liberté de choix de moins en moins grande : si tout est disponible quasi instantanément partout, ce tout est toujours le même, identique en tous les points du globe : la vitesse engendre l'uniformisation.

Cet effet de distorsion s'accroît encore sous l'effet d'un double facteur :

- Premier facteur : le déclin du politique comme lieu du débat public et de l'intérêt pour la politique pour parler le langage des sondages d'opinion. Les causes en sont connues : elles se ramènent toutes au fait que les rouages de la démocratie – au premier chef l'élection – ont été pervertis et sont devenus à de rares exceptions près des facteurs de sclérose de l'offre politique : les candidats n'existent que par les partis qui eux-mêmes alignent leurs programmes sur les attentes supposées d'une opinion qui n'existe pas comme chacun il a déjà été dit ;

- Second facteur : le caractère encore embryonnaire, en dépit des apparences, des nouvelles technologies de l'information, leur nouveauté qui les fait hésiter pour l'heure, dans l'ordre politique, entre deux fonctions bien différentes : un effet instrumental et conservatoire – on se sert d'Internet pour faire à peu près la même chose qu'auparavant, mais autrement – et un effet de novation très hypothétique pour le moment : l'Internet n'a pas encore changé la politique mais ce changement est *peut- être en train de se faire.*

D'où une situation d'attente qu'on peut décrire de la manière suivante.

A - La démocratie « dans le bocal » : autonomie relative du « système » médiatique

Mac Luhan, prophète de la toile ? Il est possible en effet d'interpréter les analyses de Mac Luhan et celles de Régis Debray après lui en termes de construction d'un monde où « les médias pensent » selon l'expression du dernier nommé, en lieu et place des publics auxquels on les destine, où donc un ensemble de significations et de représentations se constituent indépendamment de nous et sans nous mais s'imposent à nous comme un sorte de surmoi collectif.

Dans ce monde, des personnages évoluent qui ressemblent à ceux que nous côtoyons chaque jour, mais présentent cependant des singularités qui font que nous ne pouvons tout à fait nous assimiler à eux, malgré les invitations hypocrites qui nous sont adressées en ce sens; les clivages traditionnels disparaissent mais c'est *pour faire place à d'autres* encore plus insidieux.

1°) La confusion des valeurs :

N'oublions pas que l'essentiel en démocratie ne dépend pas de la technique, ne dépend d'aucune technique, mais de la « communion » autour d'un certain nombre de valeurs, le partage de ces valeurs[5]. Il faut insister sur ce point et sur la fragilité de ces phénomènes de « communion » (où le mot important est : commun) dans notre histoire politique : Sartre a fait la théorie des rares moments de fusion qui ont scandé la vie des démocraties occidentales et ne la scandent plus depuis longtemps (le Front populaire et la radio).

Internet et toutes les technologies de communication pourraient contribuer *idéalement* à l'inculcation et au renforcement de ces valeurs, donc à la réapparition de tels moments. Il n'en est rien parce que l'un et les autres sont impuissants à créer des valeurs, ils peuvent même retarder la survenue de ces moments de fusion ou les compromettre irrévocablement comme cela s'est vu au moment des attentats du 11 septembre 2001.

---

[5] Pourquoi faut-il que les mots dont on se sert pour parler de la démocratie évoquent tout autre chose, qui n'a rien à voir avec l'idéal démocratique mais dont pourtant il est difficile de se passer ?

Il n'est pas possible non plus de tenir à leur sujet, au sujet de ces techniques, un discours plus ou moins moralisateur consistant à s'interroger sur la « bonne foi » des internautes et des journalistes, sur leur éthique ou leur conscience professionnelle,[6] tout simplement parce qu'il n'y a plus à proprement parler de « journalistes » sur la « toile » et que l'information fait corps désormais avec ceux qui l'émettent et/ou la reçoivent. Elle est instantanée. L'existence précède l'essence. Du coup l'individu perd ses repères - l' « individu incertain » ?[7] . Il les perd d'autant plus qu'il croit en trouver d'autres, très sûrs pense-t-il, puisqu'ils sont partagés par une communauté d'individus semblables à lui.

En somme, nous revivrions 1789, mais à l'envers. La démocratie d'alors reposait sur une « logique de la généralité » selon le mot de Pierre Rosanvallon et de la non discrimination (mais à vrai dire de démocratie il n'est pas encore question alors). Parce que le pouvoir qui vient de disparaître et contre lequel le nouveau droit se construit est lui synonyme de particularité absolue : le « bon vouloir » du prince est arbitraire tandis que « la liberté repose sur la généralité de la règle »[8].

Voilà pour le compromis démocratique à la française ; il fonctionne plus ou moins bien... jusqu'aux années 1970, jusqu'à ce qu'une nouvelle logique du particulier et des particularités (exacerbation des individualités ou consécration équivoque des particularités) viennent concurrencer le soi-disant idéal jacobin[9].

La laïcité à la française, comme on dit assez plaisamment, est au cœur de cette tension entre le général et le particulier : définie comme primauté de la « raison politique » sur les différences entre les citoyens, acceptation d'une communauté d'appartenance devant prévaloir sur tous les particularismes, caractérisée donc par sa très grande généralité, elle se disloque du fait de l'apparition de nouveaux modes (et signes) de reconnaissance. Facilement, beaucoup trop facilement.

---

[6] R. Debray : *L'Emprise* Le débat/Gallimard, 2000.

[7] A. Ehrenberg, *L'individu incertain*, Calmann-Lévy 1995.

[8] P. ROSANVALLON, *La légitimité démocratique Impartialité, réflexivité, proximité*, Seuil 2000, p. 283.

[9] Soi disant parce qu'il n'a jamais été autre chose qu'un mythe.

2°) Le brouillage des frontières

En lieu et place du clivage traditionnel public/privé (disparition de la « sphère privée » par son hypertrophie même : si tout s'exhibe, il n'y a plus rien de privé, il n'y a plus rien à voir !), l'individu c'est-à-dire l'internaute acquiert virtuellement la capacité de tout dire à tout moment et de tout savoir sur le monde.

Virtuellement parce que ces informations sont contrôlées, standardisées et que surtout *elles constituent un monde en soi*. A la limite, on ne fait plus la différence entre le vrai et le faux — c'est une banalité-, mais ce qui est nouveau c'est qu'ici désormais le faux est valorisé.

En d'autres termes l'individu-sujet devient un sujet-monde, mais le monde dont il s'agit étant produit par la technique il se confond avec elle, s'auto-entretient par elle, au point d'acquérir une sorte d'autonomie comme nous l'avons suggéré. Zbigniew Brzezinski appelle cela la « révolution technétronique », voulant dire par là que le technique est plus qu'une technique, qu'elle a une logique de fonctionnement qui lui est propre et qui entraîne des conséquences inédites dans l'ordre des comportements et de attitudes politiques. Et aussi non politiques d'ailleurs !

Jacques Ellul qui conteste l'emploi de ce néologisme mais non la réalité qu'il désigne, a écrit sur ce thème un livre qui s'inscrit dans une œuvre : la technique acquiert dans nos sociétés occidentales la dimension d'un système global, un ensemble de procédés familiers (la radio, la télévision, l'ordinateur) mais qui en viennent par leur usage continu à brouiller toutes les pistes, à commencer par la plus banale et la plus métaphysique de toutes : celle qui sépare le réel de ce qui ne l'est pas... Un non réel dont la fonction est de nous cacher le processus de sa propre fabrication dit Ellul[10].

B - Le pouvoir occulté : permanence des déterminations économiques

Qu'il y ait un système médiatique cela ne semble pas faire de doute, mais ce système n'en est pas vraiment un puisqu'il a un centre ou des centres comme par exemple ces sociétés de droit privé qui

---

[10] Le *Système technicien*, Le cherche midi 2004, p. 28.

hors de tout contrôle sont en mesure d'intervenir en tout point du globe et à tout moment dans nos ordinateurs. Les réseaux mondiaux qui contrôlent les flux d'information sont à la fois transnationaux et transdisciplinaires (tous médias confondus).

Faut-il donc reformuler à leur sujet la célèbre question programme de Lasswel : qui contrôle quoi ? Pour dire quoi ? A qui ?

1°) Qui contrôle quoi ?

L'Internet ne supprime pas toutes les médiations : pour être visité écrit Thierry Vedel, un site doit être connu des internautes, ils le sont généralement par l'intermédiaire d'un moteur de recherche dont les critères sont inconnus du grand public.

Effet discriminant de l'argent également : loin de contribuer à « l'ouverture du paysage politique », l'Internet a plutôt tendance « à reproduire les rapports de force existants » écrit ce même auteur : les partis les plus importants sont plus présents ne serait-ce que parce qu'ils possèdent plus de ressources. L'UMP qui consacre plus de 100 000 euros par mois à ses activités « en ligne » apparaît bien plus souvent que toutes les autres formations politiques[11].

N'oublions pas non plus ce qu'il y a derrière ces médias, y compris les médias électroniques : des pouvoirs privés économiques, des firmes multinationales qui eux non plus ne sont pas neutres.

La critique marxiste (Armand Mattelart, Immanuel Wallerstein) s'est attachée à dénoncer l'évolution des contenus de l'information sous l'influence des transformations du système économique en des termes qu'on ne peut pas ignorer : marchandisation, « échange inégal ».

Elle explique que désormais la messe est dite – le message en tout cas : les médias ou plutôt ceux qui les contrôlent ont pris le pouvoir, ils l'ont bien en mains, et ce pouvoir est d'autant plus redoutable qu'il est sans équivalent dans l'histoire.

---

[11] Th. VEDEL : Les usages politiques de l'internet, in La démocratie électronique, *Regards sur l'actualité*, janvier 2007, p. 5 et s.

La fracture numérique est une des manifestations de cette redistribution des cartes, génératrice d'une forme nouvelle et décisive d'« exclusion »[12] . Là-dessus il est difficile de ne pas s'accorder.

Cette critique rencontre des oppositions qui ne tiennent pas seulement à des présupposés idéologiques : son caractère alarmiste crée une sorte de psychose parce qu'il évoque immanquablement le souvenir des régimes totalitaires et de la propagande totalitaire (alors même que les choses ne sont pas comparables).

C'est peut-être là une des clefs de l'énigme : on ne veut pas croire au discours critique en général (pas celui-ci nécessairement, mais tous les discours critiques) de peur d'aboutir à des conclusions que l'on redoute, pour conjurer le mauvais sort.

2°) Pour faire quoi ?

Pas des profits, mais bien de la politique. Comme d'ailleurs cela a toujours été le cas (y compris l'époque de l'hégémonie de la presse écrite en France et à l'étranger).

Il est trop facile, de ce point de vue, de faire le procès d'Internet comme facteur de dépolitisation (appartenance zéro dit Régis Debray) ou de stigmatiser, de manière plus générale, ses effets sur les formes de la mobilisation politique : il peut être un « formidable outil de coordination » (contre sommets, mobilisations « anti », etc.), mais il peut aussi entraîner − il entraîne effectivement - le déclin des formes traditionnelles de l'engagement, en créant l'illusion d'une plus grande souplesse face à la rigidité des structures partisanes traditionnelles.

De ce point de vue, l'Internet apparaît aussi comme un accélérateur de toutes les tensions qui sont à l'œuvre dans la société.

---

[12] La notion de fracture numérique a fait son apparition dans années 1990. M . CASTELLS y voit la forme la plus dommageable d'exclusion dans notre économie et notre culture » (M. CASTELLS, *La galaxie Internet*, Fayard 2002, p. 11) Des politiques sont mises en œuvre pour réduire la « fracture numérique » sont un bon révélateur des inégalités dans les Etats (depuis 1997 en France) et au niveau de l'UE : 37% des européens déclarent n'avoir aucune connaissance en informatique, mais la moitié des ménages disposent d'un accès Internet. Mais il est clair que c'est au niveau mondial que le problème se pose.

Mais il est accélérateur ou un révélateur sans plus : les forums de discussion sur Internet par exemple, nous l'avons vu, existent mais en nombre « limité », les internautes vont vers ceux qui confortent plutôt leurs opinions[13] Il y a l'information avant l'information : on trouve ce qu'on cherche !

Même constatation, on nous l'a dit également, en ce qui concerne les blogs politiques (il faudrait poser une question préliminaire : qu'est-ce qu'un blog politique ? Où est la frontière entre le journal du non-intime et les forums de discussion ?). Quoiqu'il en soit, ces blogs prolifèrent en France depuis 2002, mais écrit encore Thierry Vedel, « passé l'effet de nouveauté », il n'est pas sûr qu'ils « bouleversent radicalement les relations entre politiques et citoyens »[14]. Le blogueur est peut être un « leader d'opinion », mais il l'était en tout état de cause et l'utilité du blog est plutôt de confirmer ce statut, en corrigeant éventuellement certains traits négatifs de l'homme public. Le blog dit politique est donc bien un instrument au service des politiques, mais comme ceux qui les consultent, à de rares exceptions près, ont déjà un haut niveau de culture politique, leur effet est d'augmenter encore le niveau de culture politique de ce « public privilégié ». Ce qui veut dire que l'Internet aggrave aussi les différences entre les publics ; d'où résulte une « nouvelle forme de démocratie censitaire » qui est subie, non instituée, mais bel et bien vécue comme telle[15].

Bilan mitigé donc, mais l'Internet n'est qu'une technique.

II - La démocratie restaurée par le droit ?

Le point d'interrogation s'impose parce que nous entrons sur le terrain du droit prospectif. Commençons donc par justifier ce titre un peu euphorisant.

Le droit est une technique lui aussi, un peu plus abstraite que « la » technique, pas vraiment évaluable en termes de performance ou

---

[13] Th. Vedel, La révolution ne sera pas télévisée : Internet, information et démocratie, *Pouvoirs*-I19, 2006, p. 49.

[14] Ibid., p. 45.

[15] S. FOUKS : La contrainte commerciale et l'évitement du politique, in « La démocratie sous contrôle. », préc., p. 83.

d'efficacité (mais c'est un autre débat) ; et comme technique, il a vocation à « réguler » toutes les autres techniques, au moins les plus visibles ou les plus massives. Peut-il le faire *effectivement* et peut-il, ce faisant, réduire les risques que ces techniques font courir à la démocratie ?[16].

Daniel Kaplan a inventé le concept de désordination (désordinateurs) pour désigner le fait que « les technologies génèrent leurs propres dysfonctionnements, leurs propres pollutions », tout en incarnant « une forme d'espérance mêlée de volontarisme qui voit ces outils nous permettre de résoudre nos problèmes contemporains »[17].

Prenons un exemple dans l'actualité de notre vie politique un peu étriquée. Un double exemple contradictoire. Internet « au service » de la démocratie : c'est le spectaculaire renouveau du procédé de la pétition (pour soutenir une critique du pouvoir et de ses choix : la poste, la politique familiale). Internet contre la démocratie : c'est la très problématique consultation lancée sur Internet à l'initiative du ministre en exercice de l'immigration à propos de l' « identité nationale » (2 novembre 2009). Outre la singularité qu'il y a pour le chef d'un département ministériel à faire ainsi plébisciter ses compétences, il faut rappeler que le jour où ladite consultation est lancée, rien n'est prêt dans les préfectures pour accueillir le bon peuple[18].

Cela veut dire qu'Internet exerce un extraordinaire et paradoxal effet de *démonstration* : mais alors que les moyens de communication traditionnels opèrent à la façon d'un accélérateur ou d'un facilitateur en réduisant la distance entre le représentant et le représenté (démocratie représentative donc), Internet donnerait plutôt des apparences de réalité à l'utopie démocratique (le gouvernement du peuple par le peuple). Des apparences seulement.

---

[16] Bien évidemment, pour poser de telles questions et prendre la peine d'y réponde, il faut être convaincu de leur bien fondé et que les valeurs de la démocratie réelle, instrumentale, institutionnelle méritent d'être protégées !

[17] M. MANACH : désordination : Les maux de l'e-démocratie, http://www.internetactu.net/27/05/18desordination-les-maux-de-la-democratie.

[18] Nulle circulaire, nulle instruction émanant du ministre en question.

A - Démocratie représentative : accélération et faux semblants

L'idée que les techniques de communication peuvent « renouveler le fonctionnement démocratique » ne date pas d'Internet, « déjà dans les années 1920, un journaliste américain se demandait si la radio n'allait pas permettre au peuple de devenir le gouvernement », d'être le gouvernement :[19] accès direct à l'information, communication avec les membres du Congrès. Un peu plus tard André Holleaux parlera de la télévision comme de la « place du village », Jean D'Arcy fera la théorie de la société de communication et du droit de communication[20].

Les penseurs de la démocratie participative (Crawford Brough.Macpherson, Benjamin Barber : Amérique des années 1970-1980) s'inscrivent dans la filiation des *Lumières* écrit Loïc Blondiaux[21] , ce qui n'est peut être pas le cas de leurs émules français. Ils se posent en critiques de la démocratie représentative, mais ils en appellent aussi à une participation en des termes strictement individualistes pour na pas dire réactionnaires : « Les masses font du bruit, écrit Barber, les citoyens délibèrent ; les masses se heurtent et se croisent, les citoyens s'engagent, partagent et contribuent »[22].

On rejoint là certaines analyses qui ont montré ou voulu montrer qu'à toutes époques les « réformes » faites en vue de l'élargissement des droits ont pu susciter des réactions qui aboutissent à un résultat contraire au but recherché[23].

Depuis quelques années le concept a changé radicalement de sens et revêt désormais au moins chez les philosophes une toute autre dimension ; il devient synonyme de légitimité procédurale, impliquant donc que personne ne soit exclu de la procédure en question (Rawls,

---

[19] P. FLICHY : Les enjeux démocratiques et administratifs d'Internet, *Regards sur l'actualité*, n° 327, 2007, p. 5.

[20] Ibid., p. 6.

[21] *Le nouvel esprit démocratique*, Seuil/La République des idées, 2008, p. 39.

[22] L. BLONDIAUX, op. cit., p. 40.

[23] Celles de Jacques RANCIÈRE, par exemple, qui au nom d'une certaine idée de la politique, fustige « l'égalité de n'importe qui avec n'importe qui » (dans *Aux bords du politique*, cité par BLONDIAUX, op. cit. p. 64).

Habermas). Mais que peut bien signifier un tel changement ? Parle-t-on toujours de la même chose ?

L'utilisation des machines à voter en France au moment de l'élection présidentielle de 2007 a été l'occasion d'une prise de conscience dans cet ordre d'idées. Le Conseil constitutionnel a reconnu que leur intrusion « dépossède les citoyens de la liturgie républicaine. Elle rend opaque ce qui était visible (et) prive le corps électoral de la surveillance collective des opérations dans lesquelles s'incarne le suffrage universel ». On ne peut qu'être d'accord. Mais il estime également que « le problème posé par les machines à voter est plus psychologique que technique ». Là on peut émettre des réserves.

B - L'utopie de la démocratie directe

On connaît les aphorismes de Claude Lefort sur la démocratie ce « lieu vide du pouvoir », en liaison avec sa critique des totalitarisme : volonté de dépolitiser la définition de la démocratie en prenant au sérieux les droits fondamentaux, considérés non comme de simples droits subjectifs, mais bel et bien comme un moyen et une fin, une technique de la discussion et un des principes qui la rendent possible. Les droits ainsi établis sont en perpétuel mouvement, en perpétuelle contestation écrit-il, et c'est ce mouvement de contestation qui fonde le droit politique de l'Etat : les « agents sociaux porteurs de revendications nouvelles mobilisent une force en opposition à celle qui tend à contenir les effets des droits reconnus ».[24] Dialectique des droits reconnus et des droits en devenir, voilà l'essence de la démocratie.

La tentation de la transposition est grande : avec Internet, l'Etat se fait petit, il perd un peu de sa centralité (en France plus qu'aux Etats-Unis ?). De là à dire que la « toile » est un réseau totalement décentralisé où apparemment, tous les intervenants se valent et ont des pouvoirs identiques.

Mais qui peut le penser vraiment ? L'Internet, ou plus exactement ses utilisateurs, ont besoin de droit, on y revient. Là-dessus les choses sont ou deviennent un peu plus claires : on peut poser la question du

---

[24] C. LEFORT, L'invention démocratique, *Fayard* 1981, p.67, cité par J. LACROIX, La pensée française à l'épreuve de l'Europe, Grasset, 2008, p. 21.

droit d'accès à Internet, désormais reconnu en droit français[25], ou encore celle des limites, les limites en question étant celles jugées compatibles avec le fonctionnement de l'Etat.

Il est aussi possible de se placer sur un autre plan, en faisant d'Internet, non pas la démocratie, encore moins une nouvelle forme de la vie démocratique, mais un des éléments du débat sur la démocratie, un révélateur encore une fois. On observe en effet que loin de remettre en cause les catégories politiques fondamentales, les techniques de manière générale et celle-ci en particulier *peuvent* aussi contribuer à leur reformulation, pour peu qu'on ait pris conscience que ces catégories sont elles mêmes le fruit d'un long travail de construction historique.

La catégorie de peuple par exemple : non le peuple « électoral », ni le peuple concret, ou « social » selon la terminologie proposée par Pierre Rosanvallon, mais le « peuple principe ». Le représenter ce peuple là, écrit encore Rosanvallon, «c'est faire vivre le principe qui les unit, conserver ce qui constitue le bien le plus structurellement et le plus évidemment public : les droits fondamentaux »[26]. Autrement dit un moyen de « donner consistance » au peuple réel, au peuple concret. Mais on est encore loin, très loin de la démocratie directe ou de ce qui pourrait en tenir lieu.

Si les droits fondamentaux demeurent une catégorie si problématique – à mi-chemin entre la démocratie politique et la démocratie sociale – c'est bien pour cette raison, parce que nous sommes encore au milieu du gué.

---

[25] Décision n° 2009-580 DC du 10 juin 2009, *Loi favorisant la diffusion et la protection de la création sur Internet* dite Hadopi 1, cons. 15 : « Considérant qu'aux termes de l'article 34 de la Constitution : " La loi fixe les règles concernant... les droits civiques et les garanties fondamentales accordées aux citoyens pour l'exercice des libertés publiques " ; que, sur ce fondement, il est loisible au législateur d'édicter des règles de nature à concilier la poursuite de l'objectif de lutte contre les pratiques de contrefaçon sur Internet avec l'exercice du droit de libre communication et de la liberté de parler, écrire et imprimer ; que, toutefois, la liberté d'expression et de communication est d'autant plus précieuse que son exercice est une condition de la démocratie et l'une des garanties du respect des autres droits et libertés ; que les atteintes portées à l'exercice de cette liberté doivent être nécessaires, adaptées et proportionnées à l'objectif poursuivi ».
[26] P. ROSANVALLON, *La légitimité démocratique,* op. cit. p. 207.

L'Internet serait alors pour nous, toutes choses égales d'ailleurs, ce que les procédés dits de démocratie directe ou « immédiate » comme disait Condorcet étaient pour ses contemporains. A une très importante nuance près : dans le contexte intellectuel de 1789-1793, la démocratie représentative comme cette démocratie « immédiate » sont bien des «régimes » ayant vocation à combiner ou concilier deux principes apparemment contradictoires : la centralité du politique facteur du changement annoncé d'une part et la liberté qui consiste à « pouvoir faire » selon la Déclaration des droits de l'homme, « tout ce qui ne nuit pas à autrui ». De là certaines formules du même Condorcet, sur la nécessité d'un « pouvoir subsistant en lui-même, pour résister aux usurpations de chacun des membres du gouvernement et les contenir tous dans les bornes du devoir »[27].

Nous n'en sommes plus là parce que le pouvoir a changé d'apparence et que la démocratie ne se définit plus exclusivement en termes de participation politique (énigme d'un pouvoir lointain sur lequel le citoyen est censé avoir prise) : elle devient une propriété substantielle de notre présence au monde, elle se banalise en d'autres termes, et l'Internet domestiqué *pourrait* contribuer à cette banalisation.

Mais la démocratie requiert aussi, du même coup, un nouveau droit pour exister vraiment. Un droit qui autorise à penser ces nouvelles formes de communication autrement que comme des illusions, ou de simples jeux de rôles. Un droit qui restaure la souveraineté du sujet.

---

[27] P. ROSANVALLON : *La démocratie inachevée. Histoire de a souveraineté du peuple en France*, Gallimard 2000, p. 60.

L'HARMATTAN, ITALIA
Via Degli Artisti 15 ; 10124 Torino

L'HARMATTAN HONGRIE
Könyvesbolt ; Kossuth L. u. 14-16
1053 Budapest

L'HARMATTAN BURKINA FASO
Rue 15.167 Route du Pô Patte d'oie
12 BP 226 Ouagadougou 12
(00226) 76 59 79 86

ESPACE L'HARMATTAN KINSHASA
Faculté des Sciences Sociales,
Politiques et Administratives
BP243, KIN XI ; Université de Kinshasa

L'HARMATTAN GUINEE
Almamya Rue KA 028 en face du restaurant le cèdre
OKB agency BP 3470 Conakry
(00224) 60 20 85 08
harmattanguinee@yahoo.fr

L'HARMATTAN COTE D'IVOIRE
M. Etien N'dah Ahmon
Résidence Karl / cité des arts
Abidjan-Cocody 03 BP 1588 Abidjan 03
(00225) 05 77 87 31

L'HARMATTAN MAURITANIE
Espace El Kettab du livre francophone
N° 472 avenue Palais des Congrès
BP 316 Nouakchott
(00222) 63 25 980

L'HARMATTAN CAMEROUN
Immeuble Olympia face à la Camair
BP 11486 Yaoundé
(00237) 99 76 61 66
harmattancam@yahoo.fr

L'HARMATTAN SENEGAL
« Villa Rose », rue de Diourbel X G, Point E
BP 45034 Dakar FANN
(00221) 33 825 98 58 / 77 242 25 08
senharmattan@gmail.com

631252 - Novembre 2015
Achevé d'imprimer par